Jean-Otto Domanski

WORTE, DIE WIRKEN

Einführung in die hypnosystemische Seelsorge

INHALT

III. PRAXIS

IV. SCHLUSS

V. ANHANG

I. EINLEITUNG

1. Wozu hypnosystemische Seelsorge? – Was Hypnotherapie und systemische Therapie für die Seelsorge austragen

Jesus rief seine zwölf Jünger zu sich.
Er gab ihnen die Vollmacht, böse Geister auszutreiben
und jede Krankheit und jedes Leiden zu heilen.
Matthäus 10,1 (BasisBibel)

»Hat das etwas mit Hypnose zu tun?« Das werde ich oft gefragt, wenn deutlich wird, dass ich hypnosystemische Seelsorge unterrichte. Die Antwort darauf lautet: »Ja und Nein.«

Ja, weil hypnosystemische Seelsorge bewährte Vorgehensweisen aus der systemischen und der Hypnotherapie verwendet. Der Begründer der modernen Hypnotherapie, der amerikanische Arzt und Psychiater Milton H. Erickson (1901-1980), war nicht nur ein außergewöhnlicher Therapeut, er beeinflusste auch maßgeblich die entstehenden systemischen und lösungsorientierten Therapieverfahren. Er kann zu Recht als Vater der Kurzzeittherapie bezeichnet werden.[1]

Und *nein*, weil viele Menschen bei dem Begriff »Hypnose« zuerst an Show-Hypnose denken, an Menschen, die gegen ihren Willen auf einer Bühne seltsame Dinge tun. Viele Hypnose-Shows zeigen eindrücklich, wozu Hypnose in der Lage ist. Allerdings ist das Ziel dieser Shows, Menschen zu unterhalten – oft auf Kosten der Freiwilligen –, und nicht, sie von Abhängigkeiten, Traumata, Allergien oder Schmerzen zu befreien.

1 Theobold 2013, S. 102.

Die Frage, wie Menschen heil werden, was zu Heil, Heilung und Gesundheit beiträgt, beschäftigt mich, seit ich als Jugendlicher angefangen habe, mich für Theologie und Psychologie zu interessieren. Dies hat bei mir neben dem Theologiestudium und meiner praktischen Arbeit als Pfarrer zu einem starken Interesse an seelsorgerlichen Themen, diversen Ausbildungen und zuletzt zur hypnosystemischen Seelsorge geführt.

Dieses Buch möchte hypnosystemische Techniken und Grundhaltungen für die seelsorgerliche Praxis fruchtbar machen. Hypnosystemische Konzepte und die mit ihnen verwandten lösungs- und ressourcenorientierten Kurzzeitverfahren boomen in Beratung und Therapie und das aus gutem Grund: Sie ermöglichen schnelle Veränderungen und Heilungserfolge auch bei schon lange bestehenden oder scheinbar aussichtslosen Problemen. Darüber hinaus zeigen sie eine bemerkenswerte Nähe zu traditionellen Seelsorgepraktiken. Hypnosystemische Konzepte erlauben ein vertieftes Verständnis dessen, was beim Erzählen biblischer Geschichten, beim Predigen oder auch beim Beten geschieht, und bieten einen neuen Blick auf Psalmen, Gleichnisse und die Wundergeschichten des Neuen Testaments.

Viele hypnosystemische Techniken stammen aus der Arbeit mit Hypnose und stehen deshalb unter Manipulationsverdacht. Das Wissen um die suggestive Kraft der Sprache ermöglicht jedoch, Beeinflussungsversuche zu durchschauen und ihnen weniger ausgeliefert zu sein. Grundlage hypnosystemischer Seelsorge ist eine Haltung, die Vertrauen, Wertschätzung und Hoffnung vermittelt und so Veränderungsprozesse oft erst möglich macht.

Zu Beginn meiner hypnosystemischen Ausbildung fragte ich eine ältere Dame aus meiner Gemeinde, ob ich mit ihr arbeiten dürfe. Aufgrund ihrer chronischen Schmerzen kam sie in dieser Zeit nur noch selten in die Gemeinde. Sie erzählte mir, dass sie im Alter von 12 Jahren an einem Knie operiert werden musste. Das Knie heilte falsch zusammen und musste erneut gebrochen werden. Insgesamt war sie mehrere Monate im Krankenhaus, und ihr Knie kam nie wieder ganz in Ordnung. In jüngeren Jahren gelang es ihrem Körper, das zu kompensieren, aber mit zunehmendem Alter hatte sie immer stärkere Schmerzen. Aus orthopädischer Sicht galt sie als austherapiert. Ich bot ihr verschiedene Techniken an, die auch in diesem Buch beschrieben werden. Sie brachten jeweils eine leichte Linderung. In der dritten Sitzung verwendete ich den »Korb, der durch die Zeiten geht«[2], ein Verfahren, dass mein Freund und Ausbilder Stefan Hammel entwickelt hat.[3] Ich lud sie ein, in Gedanken ihre Beschwerden und Schmerzen in die Vergangenheit zu bringen. In entspanntem Zustand stellte sie sich unter meiner Anleitung wie bei einer Traumreise einen Korb vor, in den sie all ihre Schmerzen und Symptome legte, um ihn dann durch eine Kopie von sich in Gedanken in die Vergangenheit bringen zu lassen. Nach und nach gingen wir wie auf einer Zeitachse in ihrem Leben zurück und luden alle Symptome und Schmerzen dort ab, wo sie entstanden waren und hingehörten. Auf dem Rückweg sammelten wir alle Ressourcen, alles Stärkende und alle Liebe aus ihrer Vergangenheit ein und brachten sie mit in die Gegenwart. Diese Gedankenreise war für sie sehr bewegend und führte dazu, dass sie seit vielen Jahren keine Schmerzen mehr in ihrem Knie hat – obwohl sich an dem Zustand des Knies nichts geändert hat.

Nicht jede Form von Hypnose ist so hilfreich. Hypnotische Prozesse können in eine negative oder destruktive

2 Vgl. Hammel 2014, S. 124ff.
3 https://www.stefanhammel.de/start.html; zuletzt aufgerufen am 09.12.2021.

Richtung führen. Menschen werden durch Propaganda und Werbung beeinflusst oder durch Kulte gefügig gemacht. Auch im Alltag sind wir ständig hypnotischen Botschaften ausgesetzt und produzieren diese selbst. Eltern hypnotisieren ihre Kinder und Kinder ihre Eltern. Dasselbe passiert zwischen Ehepartnern oder zwischen Vorgesetzten und Mitarbeitenden. Auch die Selbstgespräche, die wir führen, sind oft hochwirksame Selbsthypnose. Wir denken: »Die anderen können das besser«, »Ich hätte etwas anderes anziehen sollen« oder: »Niemand liebt mich.« Wir hypnotisieren uns selbst und gegenseitig durch den Alltag, zumeist ohne uns der Macht unserer Worte und Gedanken bewusst zu sein. Diese gegenseitige Beeinflussung lässt sich nicht verhindern. Wir erleben sie jedes Mal, wenn ein anderer Mensch uns mit seiner Stimmung ansteckt. Wir können uns nicht *nicht* hypnotisieren.[4] Umso wichtiger ist es, sich selbst und andere in eine hilfreiche Richtung zu lenken.

Dieses Buch richtet sich an Seelsorger und Seelsorgerinnen und interessierte Laien. Es bietet eine Einführung in hypnosystemische Konzepte und praktische Beispiele ihrer Anwendung in der Seelsorge. Maßgeblich geprägt ist es durch die Arbeiten von Gunther Schmidt und Stefan Hammel, die ihrerseits die Ideen Milton Ericksons aufgegriffen und weiterentwickelt haben. Gunther Schmidt ist der Begründer der hypnosystemischen Arbeit in Deutschland, Stefan Hammel Klinikseelsorger, Buchautor, Therapeut und Ausbilder.

Jesus gab seinen Schülern den Auftrag, böse Geister auszutreiben und zu heilen. Das hat durch die Jahrhunderte hindurch immer wieder dazu geführt, dass Christen sich nicht

4 In Anlehnung an die von Paul Watzlawick formulierte Einsicht, dass es unmöglich ist, nicht zu kommunizieren. Vgl. Watzlawick/Beavin/Jackson [7]1985, S. 50.

nur um das Seelenheil ihrer Mitmenschen bemüht haben, sondern auch um ihre physische und psychische Gesundheit. Hypnosystemische Seelsorge ermöglicht es, diesen Heilungsauftrag in verantwortlicher Weise wiederzuentdecken. Auch wenn Gesundheit und Heilung nicht einfach verfügbar sind, wird die Wahrscheinlichkeit für heilsame Entwicklungen enorm erhöht. Hypnosystemisches Arbeiten aktiviert die physischen und psychischen Selbstheilungskräfte, die in jedem Menschen angelegt sind. Diese Kräfte werden meist unterschätzt, obwohl sich doch regelmäßig beobachten lässt, wozu unser Körper und unsere Seele in der Lage sind: Wunden heilen, Knochen wachsen wieder zusammen, und Menschen sind in der Lage, belastende Erlebnisse so zu verarbeiten, dass sie keinen Schaden davontragen.

Die neutestamentlichen Heilungsgeschichten, die Gleichnisse Jesu und auch die Struktur einzelner Psalmen weisen eine große Nähe zu den hier beschriebenen Vorgehensweisen auf. Das ist nicht verwunderlich. Milton Erickson, der Begründer der modernen Hypnotherapie, hat immer wieder darauf hingewiesen, dass er bei seinem Vorgehen natürliche Phänomene auf eine strategische Weise nutze. Hypnosystemische Konzepte ermöglichen ein tieferes Verständnis dessen, was genau beim Erzählen von Geschichten hilft, und wie Sprache unsere Aufmerksamkeit lenkt und dadurch unser Erleben prägt.

Hypnosystemische Seelsorge arbeitet beziehungsorientiert, ziel- und auftragsorientiert, zukunfts-, ressourcen- und lösungsorientiert. Das Ziel ist eine konsequente Aktivierung von körperlichen und seelischen Selbstheilungskräften. Das wird erreicht durch einen strategischen Gebrauch von Formulierungen, Fragen, Implikationen, Geschichten und Metaphern, durch die Nutzung von Trancephänomenen sowie durch nonverbale Kommunikation. Entscheidend dabei ist eine Haltung, die Wertschätzung, Liebe, Hoffnung und auch

Humor vermittelt. Das alles hilft, die Aufmerksamkeit auf das gewünschte Erleben zu fokussieren. Und es ermöglicht verblüffende Erfolge, die an biblische Wundergeschichten denken lassen.

II. GRUNDLAGEN

2. Biografie und Therapie – Leben und Wirken von Milton Erickson

Viele hypnosystemische Techniken gehen auf Milton Hyland Erickson zurück oder sind Weiterentwicklungen seiner Ansätze. Um sie zu verstehen, ist es hilfreich, nicht nur seine Arbeiten, sondern auch seine Lebensgeschichte zu kennen. Erickson (1901-1980) war einer der innovativsten und einflussreichsten amerikanischen Therapeuten des 20. Jahrhunderts. Seinen spektakulärsten Fällen ist gemein, dass er scheinbar unüberwindliche Probleme elegant und mit überraschend simplen und originellen Ideen auflöste. Neben seinen eigenen Schülern prägte er die *Palo-Alto-Gruppe* um Paul Watzlawick, John Weakland und Richard Fisch, beeinflusste Gregory Bateson, die aufkommende *Familien- und systemische Therapie* sowie die lösungsorientierte *Kurzzeittherapie* von Steve de Shazer und Insoo Kim Berg. Auch Richard Bandler und John Grinder, die Gründer des *Neuro-Linguistischen-Programmierens* (NLP), studierten und kopierten seine Techniken.

Die Entwicklung der modernen Hypnotherapie durch Erickson ist eng mit seiner Biografie verknüpft. Für ihn waren Hoffnung und psychische Widerstandsfähigkeit die Voraussetzung für die Bewältigung seines eigenen Lebens. Milton Erickson wurde 1901 als zweites Kind einer armen Farmerfamilie im Mittleren Westen der USA geboren. Schon als Kind war er anders, was sich darin zeigte, dass er nicht nur einen großen Wissensdurst, sondern auch eine ganze Reihe von Allergien und Beeinträchtigungen mitbrachte. Er lernte spät laufen und sprechen, war farbenblind und litt unter Dyslexie, d.h.: Lesen und schreiben zu lernen fiel ihm ausgesprochen schwer. Er berichtete später mehrfach von dem Aha-Erlebnis, als seine Grundschullehrerin die Merkmale der Zahl »3« hervorhob und er zum ersten Mal lernte, sie von dem Buchstaben »M« zu unterscheiden. Trotzdem las er alle Bücher, die er in die Finger bekam, und war als *Mister Dictionary* bekannt, da er im Lexikon immer von vorne zu lesen begann und erst spät begriff, dass die Artikel alphabetisch sortiert und unter den Anfangsbuchstaben zu finden sind. Mit 15 Jahren schrieb er einen Artikel für eine nationale Zeitschrift, der sich mit den Problemen von jungen Menschen auf dem Land beschäftigte.

Mit 17 Jahren erkrankte Erickson an spinaler Kinderlähmung. Die Prognose war schlecht, und der Arzt der Familie erklärte den Eltern, dass ihr Sohn den nächsten Morgen nicht erleben werde. Diese Ankündigung machte Erickson unglaublich wütend, weil er dachte, kein Arzt habe das Recht, einer Mutter so etwas zu sagen. Er bat seine Eltern, sein Bett und die Kommode so zu stellen, dass er durch den Flur im Westen den Sonnenuntergang sehen konnte. Seine Eltern dachten, er sei im Delirium, erfüllten ihm aber den Wunsch. Erickson konzentrierte sich auf einen einzigen Gedanken: »Ich werde den nächsten Morgen erleben.« Er erlebte den nächsten Morgen und auch den Sonnenuntergang am Abend, dann verlor er für drei Tage das Bewusstsein.

Als er aus dem Koma erwachte, war sein Körper weitgehend gelähmt. Er war noch in der Lage, die Augen zu bewegen, zu schlucken und unter Mühen zu sprechen. Er verbrachte die Tage in einem Schaukelstuhl, in dem er von seiner Familie festgebunden wurde, damit er nicht herausfiel. Seine Eltern und die acht Geschwister leisteten ihm immer wieder Gesellschaft. Trotz alledem war sein Wissensdurst ungebremst. Er gewöhnte es sich an, auf kleinste Details seiner Umgebung zu achten, und entwickelte so eine phänomenale Beobachtungsgabe. So konnte er aus dem Klang der Schritte auf die Stimmung von Besuchern schließen. Das ging so weit, dass er in späteren Jahren einer Mitarbeiterin zu ihrer Schwangerschaft gratulierte, von der diese selber noch nichts wusste.

An einem Tag hatte seine Familie keine Zeit, sich um ihn zu kümmern. Er saß im Schaukelstuhl und seine Sehnsucht, wenigstens aus dem Fenster sehen zu können, wurde so übermächtig, dass nach drei Stunden der Stuhl leicht zu schaukeln begann. Erickson glaubte zunächst an ein Erdbeben, erkannte dann aber, dass seine Sehnsucht unwillkürliche Muskelbewegungen ausgelöst hatte. Er durchforschte seine Erinnerungen danach, welche Körperwahrnehmungen mit Bewegungen verknüpft gewesen waren, wie z.B. dem Halten eines Bechers. Er trainierte diese Fähigkeit und brachte bald ein Zucken eines Fingers zustande. Durch weiteres Training und isometrische Übungen gelang es ihm, auch den benachbarten Finger zu bewegen. Er studierte, wie seine kleine Schwester laufen lernte, und schaffte es durch Übungen und Beobachtung, innerhalb von 11 Monaten wieder mit Hilfe eines Krückstocks zu gehen.

Wesentliche Grundannahmen der Hypnotherapie haben hier ihren Ursprung. Das Unbewusste war für Erickson Zeit seines Lebens der Hort ungeahnter Fähigkeiten und Ressourcen. Auch eine gewisse Abwertung des von ihm als rigide empfundenen Bewusstseins rührt daher. Erickson meinte später, wenn jemand ihm eine halbe Stunde, bevor der Schaukelstuhl zu schaukeln begann, gesagt hätte, dass er in der Lage sei, seine Muskeln zu gebrauchen, hätte er sich gekränkt und nicht ernst genommen gefühlt. In seinen Therapien war es deshalb oft sein Anliegen, das Unbewusste trickreich am bewussten Denken vorbei direkt anzusprechen.

Während der folgenden Rehabilitationszeit brach er alleine zu einer zehnwöchigen Kanutour auf dem Rock River in Milwaukee auf. Er musste sich von seinen Freunden mit Boot und Krücken zum Fluss tragen lassen. Auch während der Tour war er immer wieder auf fremde Hilfe angewiesen. Verpflegung verdiente er sich durch Kochen oder Geschichtenerzählen. Nach sechs Wochen war er so kräftig, dass er die Strecke gegen den Strom zurückpaddeln konnte. Er legte über 2000 Kilometer zurück, hatte wieder laufen gelernt und konnte das Boot auf seinen Schultern nach Hause tragen!

Im Herbst 1920 nahm er sein Studium an der Universität in Wisconsin auf und machte am Ende einen Abschluss in Psychologie und Medizin. Von Anfang an interessierte er sich für Hypnose, da er in ihr ein schnelles und effektives Werkzeug für Veränderungen sah. Während seiner Zeit als Assistenzarzt lernte er, auch seine Einschränkungen für sich zu nutzen. Die Tatsache, dass er behindert war und eine Gehstütze brauchte, erleichterte ihm den Zugang zu Patienten. Auch als er in späteren Jahren unter dem Post-Polio-Syndrom litt und auf einen Rollstuhl angewiesen war, pries er die Vorzüge, die die Betrachtung der Welt aus dieser Position hat. Auch das ist typisch für die Erickson'sche Strategie der Utilisation: Nutze alles, was da ist, auch wenn es scheinbar keinen Nutzen hat.

Von 1930 bis 1934 stieg er vom Assistenzarzt zum Oberarzt der psychiatrischen Forschungsabteilung am State Hospital in Worchester, Massachusetts, auf. Seine erste Ehe scheiterte und er erhielt das Sorgerecht für seine drei kleinen Kinder. 1936 heiratete er Elisabeth Moore, mit der ihn bis zu seinem Tod 1980 eine gegenseitige intensive Wertschätzung verband. Gemeinsam hatten sie fünf weitere Kinder. Erickson bezog seine Familie auf eine Art und Weise in seine Therapien mit ein, die heute kaum denkbar ist. In den 1940er- und 1950er-Jahren gehörte er zu den ersten, die Familien zur Problemlösung einsetzten. Wenn er Kinder in Therapie hatte, gab er seinen eigenen Kindern zu verstehen, ob es hilfreich und sinnvoll wäre, dass sie sich mit den Patienten anfreundeten oder nicht. Einem Patienten mit Schizophrenie ermöglichte er ein selbstständiges Leben in einer Zeit, in der es neben einem stationären Aufenthalt praktisch keine Alternativen gab. Er machte ihn zu einem Hausfreund seiner Familie und bereitete die Stabilisierung des Therapieerfolges über seinen eigenen Tod hinaus vor. Immer wieder nutzte er ungewöhnliche Methoden, um Klienten zu helfen. Er schickte Alkoholiker in die Wüste oder in den Botanischen Garten, um von einer bestimmten Kakteenart zu lernen, die 50 Jahre ohne Wasser auskommt. Er ging mit schüchternen Klienten essen und instruierte vorher die Bedienung, mit ihnen zu flirten. In späteren Jahren schickte er viele Klienten auf einen nahegelegenen Berg, um einen neuen Blickwinkel zu bekommen.

1947 erhielt er nach einem Fahrradunfall eine Tetanusspritze, was zu einer lebensbedrohlichen allergischen Reaktion führte. Aufgrund seiner Allergie, der Muskelschmerzen und der geschwächten Konstitution konnte er die Kälte und Feuchtigkeit des Winters in Michigan nicht länger ertragen und folgte der Einladung von John Larson, Direktor des *Arizona State Hospital*, nach Arizona zu kommen. Als Larson 1949 das Krankenhaus verließ, entschied sich auch Erickson zu gehen und eine private Praxis in Phoenix zu eröffnen.

In den 1950er-Jahren avancierte Erickson zu einer landesweit bekannten Persönlichkeit und wurde als Experte für psychologische Fragen von berühmten Sportlern, dem FBI und dem US-Militär zu Rate gezogen. Er entwickelte Seminare, die den Einsatz von Hypnose im medizinischen, zahnmedizinischen und psychologischen Bereich im ganzen Land verbreiteten. Er war Mitbegründer und Präsident der *American Society of Clinical Hypnosis* und Gründungsherausgeber des *American Journal of Clinical Hypnosis*. Zugleich verschlechterte sich sein Gesundheitszustand dramatisch. 1953 erkrankte Erickson schwer am Post-Polio-Syndrom. Obwohl er während dieser Zeit ans Bett gefesselt war und unter starken Schmerzen litt, fand er die Kraft, Patienten telefonisch zu behandeln. Sein Interesse an anderen lenkte ihn von seinen eigenen Schmerzen ab. Nachdem der Polio-Schub überwunden war, litt er an Muskelschwund im linken Arm und in den Beinen. Später folgten weitere Attacken, die nicht mehr so heftig und schmerzhaft waren, aber sein Zustand verschlechterte sich stetig.

Trotz der gesundheitlichen Probleme setzte Erickson seine Lehrtätigkeit, die mit vielen Vortragsreisen verbunden war, fort. Ab 1967 war er dauerhaft auf einen Rollstuhl angewiesen, aber auch dieser Einschränkung konnte er Vorzüge abgewinnen. Er brachte eine Hupe an und scherzte mit Patienten darüber, dass er ein alter Knacker sei. Er nutzte seine im Kampf gegen die Kinderlähmung gewonnenen Fähigkeiten, um sich gegen ein Leben als Invalide zu wehren. Bis zu seinem Tod 1980 behandelte er in seinem Haus Patienten, empfing Kollegen und bildete Therapeuten aus.

Erickson zeichnete die Fähigkeit aus, sich auf das einzulassen und mit dem zu arbeiten, was ihm entgegengebracht wurde. So brachte man einen Jungen zu Erickson, der wie am Spieß schrie. »Erickson wartete geduldig, bis das Kind für einen Moment innehielt, um Luft zu holen. Erickson nutzte die Pause, um seinerseits einen lauten Schrei herauszulassen. Der Junge war fassungslos. Erickson sagte: ›Du hattest als Erster deinen Schrei. Dann hatte ich meinen Schrei. Jetzt bist du wieder an der Reihe.‹ Die beiden schrien noch ein paar Runden im Wechsel, dann entschlossen sie sich, ihre Runden lieber zum Sprechen zu nutzen.«[1]

1 Short/Weinspach 2010, S. 243.

Ähnlich verfuhr Erickson auch in anderen Fällen. Zu Schülern, die mit Schulproblemen zu ihm gebracht wurden, sagte er: »Es ist dein Recht, darüber zu entscheiden, wie viel du lernen möchtest, und ich möchte nicht, dass du mehr lernst, als du willst.« Wenn Erickson mit gehemmten Patienten sprach, sagte er oft: »Enthüllen Sie mir keine Geheimnisse, über die Sie nicht sprechen möchten.«[2] Dadurch, dass er den Druck aus der angestrebten Veränderung nahm, ermöglichte er seinen Patienten, darüber nachzudenken, was sie wirklich wollten. Es verwundert nicht, dass viele der paradoxen Interventionen an Techniken von Paul Watzlawick erinnern, der wesentlich von Erickson geprägt wurde.

Eine seiner Lieblingslektionen bestand darin, während der Ausbildung scheinbar einen Granitbrocken unter großen Mühen auf seinen Schoß zu heben. Das brachte seine Studenten in innere Konflikte, ob sie mit ansehen sollten, wie er sich abmühte, oder ob sie wagen konnten, ihm ihre Hilfe anzubieten. »Er hob ihn dann langsam noch einmal hoch und warf ihn ohne Vorwarnung und mühelos durch die Luft in den Schoß eines verdutzten Studenten. Was wie ein schwerer Stein aussah, war lediglich ein federleichtes Stück Schaumstoff. Erickson fixierte den Studenten und sagte: ›Nicht alles ist so, wie es auf den ersten Blick scheint!‹«[3]

In seinen letzten Lebensjahren verschlechterte sich sein Gesundheitszustand weiter. Er war nicht nur auf einen Rollstuhl angewiesen, auch sein rechter Arm und Teile seiner Gesichtsmuskeln waren gelähmt. Seine Hände waren so schwach, dass er kaum noch etwas halten konnte. Oft war er erst gegen Mittag in der Lage, seine Arbeit aufzunehmen, da er die Zeit vorher brauchte, um sich anzuziehen und mit

2 Zitiert nach Short/Weinspach 2010, S. 248.
3 Short/Weinspach ²2010, S. 24.

Hilfe von Schmerzkontrolltechniken handlungs- und arbeitsfähig zu werden.

Trotz seiner körperlichen Einschränkungen und lebenslanger chronischer Schmerzen war Erickson von einer großen Zufriedenheit erfüllt. Bis zum Schluss brachte er die Energie auf, sich um die Nöte anderer zu kümmern. Zugleich war sein körperlicher Zustand hilfreich bei seinen Therapieerfolgen. Wenn sogar er ein ausgefülltes und befriedigendes Leben führen konnten, um wie viel mehr dann seine Patienten, die deutlich gesünder waren. Das Leben von Erickson war von Entschlossenheit, Widerstandsfähigkeit und Hoffnung geprägt. Und das vermittelte er seinen Patienten. Er war der festen Überzeugung, dass jeder Mensch seine persönliche Antwort auf alle Herausforderungen in sich trägt. Durch die Vermittlung von Hoffnung und das Aufspüren von kleinen Schritten, die die Patienten gehen konnten, schaffte es Erickson, erstaunliche Therapieerfolge zu erreichen.

Zur Vertiefung

- Dan Short/Claudia Weinspach, Hoffnung und Resilienz. Therapeutische Strategien von Milton H. Erickson, Heidelberg ²2010.
  Das Buch bietet eine hervorragende und gut lesbare Zusammenfassung der therapeutischen Strategien Ericksons mit vielen Episoden aus seinem Leben.

3. Alles Kopf-Kino – Was ist eigentlich Hypnose?

Und alsbald war in ihrer Synagoge ein Mensch,
besessen von einem unreinen Geist;
der schrie: Was haben wir mit dir zu schaffen,
Jesus von Nazareth?
Bist du gekommen, uns zu vernichten?
Ich weiß, wer du bist: der Heilige Gottes!
Und Jesus bedrohte ihn und sprach:
Verstumme und fahre aus von ihm!
Und der unreine Geist riss ihn hin und her
und schrie laut und fuhr aus von ihm.
Und sie entsetzten sich alle, sodass sie sich
untereinander befragten und sprachen:
Was ist das? Eine neue Lehre in Vollmacht!
Er gebietet auch den unreinen Geistern,
und sie gehorchen ihm!
Markus 1,23-27 (Lutherbibel 2017)

Kaum ein therapeutisches Verfahren ist so sehr mit Faszination, Vorurteilen und Ängsten belegt wie Hypnose. Die Vorstellung, jemand könnte Macht über das Erleben und Verhalten eines anderen gewinnen, ist abstoßend und faszinierend zugleich. In weiten Teilen ist, wie gesagt, die Vorstellung von Hypnose von Show-Hypnose geprägt; zugleich begegnet einem die Hoffnung, mittels Hypnose Veränderungen zu erreichen, die dem bewussten Willen nur schwer zugänglich sind.

Hypnotische Phänomene sind in fast allen Kulturen belegt. In der Wissenschaft wurden sie erstmals 1770 wahrgenommen und diskutiert, als der deutsche Arzt und Heiler Franz Anton Mesmer mit Hilfe von Magneten erstaunliche

Heilungserfolge erzielte, die er auf einen tierischen Magnetismus zurückführte.

Der britische Augenarzt James Braid prägte 1840 den Begriff »Hypnose«, da er bei seinen Patienten in Trance einen schlafähnlichen Zustand (Hypnose von altgriech. *hýpnos*, Schlaf) bemerkte. Später versuchte er erfolglos, ihn durch den Begriff »Monoideeismus« zu ersetzen: die Konzentration auf eine einzige Idee bei gleichzeitigem Ausblenden der meisten anderen Sinneseindrücke. Braid führte zahlreiche Augenoperationen unter Hypnose durch.

Auch Sigmund Freud arbeitete mit Hypnose, gab sie aber später zugunsten des freien Assoziierens auf. In Deutschland wurde die Hypnose von Oskar Vogt und dessen Schüler Johannes Heinrich Schulz, dem Erfinder des *Autogenen Trainings*, weiterentwickelt. In den Vereinigten Staaten experimentierte Milton Erickson mit Hypnose als Technik schneller Veränderung bei psychischen und körperlichen Störungen und wurde so zum Begründer der modernen Hypnotherapie.

Im Wesentlichen lassen sich drei Hypnose-Ansätze unterscheiden: autoritative Verfahren, standardisierte Verfahren und das Vorgehen Ericksons.

Autoritative Verfahren bestimmen das klassische Bild von Hypnose und werden auch in der Show-Hypnose verwendet. Typisch sind sogenannte Fixationsrituale: »Sie starren auf das Pendel, das Pendel, das Pendel ... und ihre Augen beginnen zu brennen, zu brennen, zu brennen etc.« Diese Verfahren beruhen auf der Annahme, dass sich der Hypnotiseur Zugang zum Unbewussten des Hypnotisanden verschafft und sich dadurch die Macht über dessen Erleben und Verhalten aneignet. Entwickelt wurde dieser Zugang in einer feudalistischen Gesellschaft, die von autoritären Beziehungen geprägt war. Autoritative Verfahren können sehr erfolgreich sein, wenn der Hypnotisand bewusst oder unbewusst bereit ist, sich unterzuordnen und Verantwortung abzugeben. Auch die Exorzismen Jesu lassen sich als autoritative Hypnose verstehen, wenn Besessenheit als ein unwillkürlicher und leidvoller seelischer Prozess betrachtet wird. Für therapeutische Zwecke hat dieser Ansatz den Nachteil, dass allein der Therapeut für die Heilung zuständig ist und der Klient nach seinem eigenen Erleben nichts dazu beiträgt.

Standardisierte Verfahren wurden in der psychologischen Forschung entwickelt, um die Wiederholbarkeit und Vergleichbarkeit von Experimenten zu ermöglichen. Die Folge von standardisierten Suggestionen ist jedoch, dass nur ein Teil der Versuchspersonen auf sie reagiert, weil Menschen verschieden sind. Das hatte einerseits zur Folge, dass Hypnose lange Zeit als unwissenschaftlich galt, andererseits hat sich daraus die populärwissenschaftliche Vorstellung entwickelt, nur manche Menschen seien hypnotisierbar.

Der *Ansatz Milton Ericksons* unterscheidet sich von vorwiegend autoritativen und standardisierten Verfahren dadurch, dass Klienten maßgeschneiderte Angebote und Einladungen für ein Erleben gemacht werden. Da es sich nach Erickson bei Trancezuständen um natürliche Prozesse handelt, die in der Hypnotherapie strategisch eingesetzt werden, ist ihm zufolge jeder, der sozialisierbar ist, auch hypnotisierbar.

Die Begriffe Hypnose und Trance werden oft synonym verwendet. Genauer kann man sagen, dass Hypnose Trancezustände gezielt herbeiführt und nutzt. Menschen gehen spontan in Trance, wenn sie z.B. ein Buch lesen, einen Film schauen, Auto fahren oder wenn sie ganz von einer Aufgabe vereinnahmt werden. Der Begriff *Trance* bezeichnet einen Zustand, in dem die Aufmerksamkeit auf wenige Reize fokussiert und anderes ausgeblendet ist. Man kann so in ein Buch oder in eine Arbeit vertieft sein, dass man die Welt um sich herum fast völlig vergisst. In Trance erleben Menschen oft Entspannung, ein verändertes Zeitgefühl, die Aufhebung von gedanklichen Beschränkungen und befinden sich in einem Zustand erhöhter Suggestibilität und Lernfähigkeit. Bei einer Hypnose wird dieser Zustand genutzt, um durch Suggestionen Neues zu lernen oder Unerwünschtes zu verlernen. Die Aufmerksamkeit wird auf das gewünschte Erleben fokussiert. Das geschieht durch ein bewusstes Anknüpfen am Erleben des Klienten. Erickson nannte das »Establishing of a Yes-Set«, im Neurolinguistischen Programmieren (NLP) wird von »Pacing« und »Leading« gesprochen.[1] Wenn ein Klient den Aussagen einer Therapeutin mehrfach von Herzen zustimmen kann, wächst die Wahrscheinlichkeit, dass er auch weiteren Aussagen und Angeboten zustimmt.

Gunther Schmidt beschreibt die wesentlichen Aspekte einer an Erickson orientierten Tranceinduktion[2]. Dabei handelt es sich nicht um eine festgelegte Reihenfolge:

- *Orientierung auf das Tranceerleben*: Durch Fragen nach Tranceerfahrungen oder der Vorstellung von Trance wird die Aufmerksamkeit gebündelt und Assoziationen werden gebahnt: »Waren Sie schon einmal in einer Trance? Was sind Ihre Vorstellungen von einer hilfreichen Trance? Wer macht dafür was?«

- *Formale Tranceinduktion*: »Bitte setzten Sie sich bequem hin. Sie können die Augen offen lassen oder schließen, wie Sie möchten ...«

1 Siehe Abschnitt V, Kleines Glossar hypnosystemsicher Grundbegriffe, S. 195 und 199.
2 Vgl. Schmidt 2009.

- *Bewusst-Unbewusst-Dissoziation*: »Während Ihr bewusstes Denken …, können Ihr Unbewusstes, Ihr Körper, Ihr intuitives Wissen …«
- *Ratifizierung und Vertiefung der Trance*: Beobachten und Beschreiben der körperlichen Merkmale, die mit einer Trance einhergehen: Vertiefung der Atmung, entspannter Muskeltonus, unwillkürliches Schlucken, Zuckungen oder leicht ruckartige Bewegungen. Weiterführung der Trance in einen tieferen Entspannungszustand.
- *Konstruieren eines Lernkontextes*: Erickson verwendete hier meist die Erinnerung an Tätigkeiten, die beim Erlernen ausgesprochen schwer waren, während ihre Ausübung im Erwachsenenleben selbstverständlich und ganz leicht sind, wie Laufen, Sprechen, Lesen oder Schreiben.
- *Fokussieren auf das Zielerleben*: Das Zielerleben wird durch entsprechende Suggestionen wie ein innerer Film eingespielt und so sehr intensiv erlebt.
- *Reorientierung und Verankerung*: Rückorientierung auf die Gegenwart und einen wachen Zustand; gegebenenfalls werden Suggestionen gegeben, die ein bestimmtes Verhalten oder Erleben auch nach dem Ende der Trance nahelegen; sogenannte posthypnotische Suggestionen.

Auch wenn sich der Ansatz von Erickson deutlich von den autoritär-direktiven Hypnose-Verfahren unterscheidet, bedeutet das nicht, dass er nicht auch sehr direkte Suggestionen gegeben hat, wenn es ihm angebracht erschien. Besonders wenn Menschen sich in Ausnahme- oder Schockzuständen befinden, können direkte Suggestionen oder Befehle sehr sinnvoll und hilfreich sein.

Das zeigt sich auch in der Notfallmedizin. Die Überlebenserwartung von Patienten lässt sich deutlich steigern, wenn noch am Unfallort und auf der Fahrt ins Krankenhaus auf eine bestimmte Weise mit ihnen geredet wird. Zugleich verringert sich die Liegedauer im Krankenhaus. Ernil Hansen berichtet, dass Rettungssanitäter und Notärzte angewiesen wurden, Folgendes zu ihren Patienten zu sagen: »Das Schlimmste ist vorbei. Wir bringen Sie jetzt ins Krankenhaus. Ihr Körper kann sich ganz auf seine Selbstheilungskräfte konzentrieren, während Sie sich jetzt ganz geborgen fühlen können. ... Bluten Sie gerade so viel, wie nötig ist, die Wunden zu reinigen, und lassen Sie dann Ihre Gefäße sich von selbst so weit verschließen, dass Ihr Leben gesichert ist. Ihre Körperfunktionen, Ihre Körpertemperatur – alles – wird optimal aufrechterhalten, während im Krankenhaus schon alles für Ihre optimale Versorgung hergerichtet wird. Wir bringen Sie so schnell und sicher wie nur möglich dorthin. Sie sind jetzt in Sicherheit. Das Schlimmste ist vorbei.«[3]

Vermutlich ist der Erfolg dieser Suggestionen darauf zurückzuführen, dass sich Menschen, die Opfer eines Unfalls, Herzinfarkts oder Schlaganfalls geworden sind, in einem hochsuggestiblen Schockzustand befinden. Sie sind aus der normalen Alltagsrealität mit ihren Gewissheiten gewaltsam herausgerissen. Ihr Geist versucht, sich zu reorganisieren, und klammert sich an alle Informationen, die er bekommt. Wenn Sanitäter oder Ärzte dann unbedacht sagen: »Das sieht aber schlimm aus«, oder: »Der stirbt uns hier noch weg«, wird das als gültige Beschreibung der Realität genommen, auch wenn es vielleicht gar nicht an den Patienten gerichtet war.

Klassisch wird Hypnose als Kombination aus Rapport – also dem bewussten Anknüpfen an dem Erleben des Klienten –, Trance und Suggestionen verstanden. Es wird unterschieden

3 Hansen/Zimmermann/Dünzl, 2010, S. 316.

zwischen leichter Trance und tieferen Trancezuständen. Sogenannte Tiefentrance-Phänomene lassen sich jedoch auch ohne formale Induktion und bei wachem Bewusstsein beobachten. Menschen können normal ansprechbar und doch davon überzeugt sein, ihren Arm nicht mehr bewegen zu können. Oder sie können sich nach entsprechenden Suggestionen nicht mehr an die Zahl »Drei« bzw. ihren Namen erinnern, während sie sich normal unterhalten können. Das legt die Vermutung nahe, dass es sich bei Hypnose weniger um einen Zustand als um einen Regelkreis aus Erwartungen und Erfahrungen handelt.

Es gibt unzählige Arten, wie Menschen in Trance gehen, und ebenso viele Arten, sie dazu einzuladen: Augenschluss-Induktionen, Fixations-Induktionen, Überlastungs-Induktionen, Countdown-Induktionen, Entspannungs-Induktionen, paradoxe Induktionen und viele mehr. Auch in schneller Folge aneinander gereihte Fragen können sehr trancefördernd sein. Welche Form gewählt wird, hängt von den Vorlieben des Klienten und den Fähigkeiten des Therapeuten ab.

Ein Beispiel für eine Entspannungs-Induktion, mit der ich selbst schon häufiger erfolgreich gearbeitet habe, ist der folgende Text von Mark Jensen, einem der führenden amerikanischen Hypnosespezialisten für chronische Schmerzen:

> »Ich möchte nun, dass Sie darauf achten, dass Sie Ihr Wohlgefühl verbessern können, und zwar jetzt ... Atmen Sie tief und genüsslich ein, und halten Sie den Atem einen Augenblick an. So ist es gut, halten Sie ihn einen Moment ... und lassen Sie ihn dann wieder los. Und machen Sie sich bewusst, wie gut sich das anfühlt.
>
> Und nun ... lassen Sie Ihren ganzen Körper sich entspannen ... Lassen Sie alle Muskeln erschlaffen ... [warten Sie etwa drei Sekunden], und lassen Sie dann bestimmte Muskelgruppen sich noch stärker entspannen ... Beginnen Sie dabei mit Ihrer

rechten Hand ... Stellen Sie sich vor, dass sich alle Muskeln und Sehnen in der rechten Hand entspannen ... und achten Sie, während sich die Hand entspannt, auf Empfindungen, an denen Sie erkennen, dass sich die Hand noch entspannter fühlt ... vielleicht ein Gefühl der Wärme oder der Schwere oder ein interessantes Kribbeln – Empfindungen jeder Art, an denen Sie erkennen, dass Ihre rechte Hand immer entspannter wird ... schlaff, schwer, warm und einfach angenehm. Und lassen Sie nun die Entspannung sich ausbreiten ... aufwärts, in das Handgelenk hinein ... in den Unterarm, den Ellbogen und den Oberarm. Der ganze Arm wird immer entspannter, entspannt und schwer. Alle Anspannung verschwindet, während sich der Arm immer schwerer und schwerer anfühlt, fast so, als wäre er aus Blei. So angenehm, so entspannt.

Und nun ... lassen Sie Ihre Aufmerksamkeit zu Ihrer linken Hand wechseln ... Und stellen Sie sich vor, wie die linke Hand schlaff wird, schwer und entspannt ... immer entspannter, schwerer und schwerer ... Alle Anspannung verschwindet nach und nach ... Lassen Sie alle Empfindungen zu, die Ihnen zeigen, dass sich die linke Hand entspannt ... eine Wärme, eine Schwere, jede Art von Empfindung, an der Sie erkennen, dass Ihre linke Hand immer entspannter wird ... und lassen Sie nun diese Entspannung sich ausbreiten. In das Handgelenk ... den Unterarm ... durch den Ellbogen und in den Oberarm. So entspannt, schwer und angenehm ... der ganze linke Arm entspannt sich immer mehr ... und wird schwerer und schwerer.

Und während dieser Prozess seinen Lauf nimmt, während Sie weiter zulassen, dass sich beide Arme immer entspannter anfühlen, können Sie registrieren, dass die Entspannung immer weiter um sich greift ... in die Schultern. Alle Muskeln in den Schultern lösen sich, entspannen sich, und Sie spüren, wie Ihr (Stuhl/Bett) Sie stützt, und Sie sinken in (den Stuhl/das Bett) und lassen alle Anspannung aus den Schultern fließen ... Sie fühlen sich so entspannt, schwer und ... immer entspannter.

Und die Entspannung breitet sich ... in den Hals aus. Alle Muskeln und Sehnen des Halses lockern sich, eine nach der anderen. Lassen Sie den Kopf einfach ausruhen, und registrieren Sie alle Wahrnehmungen, die Ihnen anzeigen, dass sich Ihr Hals immer stärker entspannt, während Sie sich immer wohler und behaglicher fühlen. Der ganze Körper entspannt sich, wird sehr, sehr entspannt ... entspannt ... schwer, ruhig und friedlich ... und lassen Sie die Empfindungen angenehmer Entspanntheit sich um Ihre Ohren ausbreiten ... auf der Kopfhaut ... Lassen Sie alle Anspannung abfließen, die Muskeln um die Augen sich lösen, sich entspannen ... und die Gesichtsmuskeln ebenso ... der Kiefer ... schlaff, entspannt, angenehm und friedlich ... so entspannt, wie Sie noch nie zuvor waren ... Es fühlt sich so gut an, einmal Urlaub vom Stress zu machen ... und die Entspannung setzt sich fort, sie wandert den Rücken hinab ... in den Brustkorb ... den Bauch ... und das Becken.

Und während sich der Körper entspannt, entspannt sich auch der Geist ... und fühlt sich so ruhig und zuversichtlich an ... in dem Wissen, dass Sie sich besser kennen als jeder andere ... und Sie wissen ... tief innen ... was für Sie am besten ist ... denn während Sie sich entspannen und sich stärker auf meine Stimme konzentrieren ... wird es für Sie immer leichter und leichter, meine Stimme zu hören, ohne wirklich zuhören zu müssen ... und auf die Suggestionen zu reagieren, die Ihr Behagen und Ihr Wohlbefinden fördern.

Und die Entspannung breitet sich weiter aus ... hinab in die Beine ... zuerst in das rechte Bein, das sich nun so schwer anfühlt ... angenehm ... und alle Anspannung verschwindet daraus ... schlaff, schwer und angenehm. Und Sie spüren, wie Sie durch (den Stuhl/das Bett) gehalten werden, während das rechte Bein sich immer schwerer und schwerer und schwerer anfühlt ... und so angenehm. Und dann das linke Bein ... alle Anspannung verschwindet aus dem linken Bein und wird durch Behagen ersetzt ... eine schwere und angenehme und tiefe Entspannung.

Der ganze Körper entspannt sich ... Und wenn Sie das Gefühl haben, dass Sie so entspannt sind, wie Sie nur sein können, können Sie sich noch weiter entspannen, noch entspannter werden ... sich noch angenehmer fühlen ... so entspannt, dass Sie vielleicht sogar einige Teile Ihres Körpers nicht mehr wahrnehmen.«[4]

Nach dieser allgemeinen Entspannungs-Induktion kann sich z.B. die Einladung anschließen, an einen sicheren Ort zu gehen und in heilendes Wasser einzutauchen. Die Vorstellung eines sicheren inneren Ortes wird inzwischen in vielen Therapieformen verwendet, da sie hilft, Schmerzen und Stresssymptome zu reduzieren und traumatische Erfahrungen zu bearbeiten.

»Und nun lassen Sie sich abdriften zu einem wunderschönen und (...) sicheren Ort ... und während Sie Ihren sicheren Ort betreten, einen sehr angenehmen Ort ... verspüren Sie ein Gefühl der Erleichterung ... ein Gefühl tiefen körperlichen und emotionalen Behagens ... wie ein Urlaub vom Stress ... Sie können wirklich loslassen, in dem Wissen, dass Sie sich an einem sehr sicheren Ort befinden ... wo nichts Sie beunruhigt und nichts Sie irritiert ...

Diese Situation ist ausschließlich für Sie ... und Sie können dort Ihre Batterien aufladen ... Sie treten auf den Sand und spüren die Wärme unter Ihren Füßen ... spüren den warmen Sand ... wie er sich anfühlt ... und Sie schauen sich um ... und alles ist wunderschön. Sie schauen den Himmel an und sehen sein unglaublich tiefes Blau ... ein Himmel, so blau, wie Sie ihn noch nie gesehen haben ... und falls Wolken da sind, treiben sie einfach dahin ... so leicht ... weiß und flaumig ... sie wirken so entspannt, wie Sie selbst sich fühlen.

Sie brauchen hier nichts, absolut gar nichts zu tun. Sie brauchen es niemandem recht zu machen, und für niemanden zu sorgen ... Und Sie können das Salz in der Luft riechen ... und die Wellen hören ... [das Folgende sollte dem Atemrhythmus des Patienten angepasst werden], zurück und vor, zurück und vor, das entspannende Rauschen der Wellen ...

4 Mark P. Jensen, Hypnose bei chronischem Schmerz. Ein Behandlungsmanual, Heidelberg, Carl-Auer Verlag, 2012, S. 170ff.

Vielleicht gibt es dort, wo Sie sind, auch Pflanzen. Dann können Sie Ihre Aufmerksamkeit auf die Blätter richten. Sie sind so grün, und vielleicht bewegen sie sich ein wenig im Wind, und Sie spüren die Brise auf Ihrer Haut. Die Temperatur ist perfekt ... genau so, dass Sie sich entspannt fühlen, und fokussiert, in der Lage, meine Stimme zu hören, ohne ihr wirklich zuhören zu müssen ...

Und vor Ihnen sehen Sie eine mit Wasser gefüllte Wanne, als wäre sie eigens für Sie gebaut worden. Sie wissen, dass Sie genau hineinpassen ... und Sie wissen, dass das heilende Wasser in der Wanne bewirken kann, dass Sie sich noch besser fühlen ... noch entspannter, noch behaglicher und noch stärker.

Vielleicht beschließen Sie, sich in die Wanne zu setzen und sich von dem eingebauten Sitz, der Ihren Kopf über Wasser hält, gestützt zu fühlen. Das Wasser fühlt sich so unendlich gut an. Und es hat genau die richtige Temperatur. Es wirkt so wärmend oder kühlend, wie Sie es sich wünschen. Sie spüren das Wasser um Ihren Körper, und Sie atmen ganz natürlich und leicht, während Ihr Kopf gestützt wird.

Vielleicht bemerken Sie, dass die heilende Flüssigkeit in Bereiche Ihres Körpers gelangt, die davon profitieren könnten, wenn Sie sich besser, stärker und energievoller fühlen. Natürlich wissen Sie, dass dieser Zustand fokussierter Aufmerksamkeit für Sie sehr gesund ist. Er stärkt Ihr Immunsystem, entspannt Sie und gibt Ihnen mehr Energie; er lässt zu, dass Ihr Geist sich entspannt und Sie sich trotzdem fokussierter fühlen.

Sie können genießen, sich dem Geschehen hingeben, und Sie können Ihrem Geist und Körper ermöglichen zu heilen, während Sie ein zeitloses Gefühl der Entspannung empfinden.«[5]

Zum Abschluss der Trance können die folgenden Suggestionen helfen, das in der Trance Erlebte für den Alltag nutzbar zu machen und sich wieder voll zu orientieren.

5 Ebd., S. 174ff.

»Und ein Teil von Ihnen weiß schon, ein sehr tiefer Teil von Ihnen weiß, dass Sie selbst die positiven Wirkungen erzeugt haben, die in dieser Sitzung entstanden sind. Das können Gefühle der Entspannung und Ruhe sein, Gefühle der Energie oder des Behagens und neue Einsichten darüber, was Ihnen am wichtigsten ist – diese positiven Wirkungen, die Sie selbst erzeugt haben. Sie liegen in Ihrer Macht ... und können Sie weiter begleiten, wenn Ihnen dies nützlich ist ... Sie können bei Ihnen bleiben über diese Sitzung hinaus ... für Minuten, Stunden, Tage und sogar Jahre ... Sie können zu einem festen Bestandteil der ständigen Gaben Ihres Geistes werden, so wie z.B. natürlich und leicht zu atmen. Die positiven Wirkungen werden zu einem automatisch agierenden Teil von Ihnen.«[6]

»Und gleich werde ich still sein, und Sie können sich dann die Zeit nehmen, um zu verarbeiten, was Sie in der heutigen Sitzung erfahren haben. Um die Einsichten, zu denen Sie gelangt sind, noch tiefer zu verstehen ... und um das, was geschehen ist, wirklich tief in sich aufzunehmen ... und Sie können sich die Zeit lassen, die für positive Veränderungen erforderlich ist. Und wenn all dies geschehen und verarbeitet worden ist und Ihr Geist so viel aufgenommen hat, wie Ihr Wohl es erfordert, können Sie sich signalisieren, dass die Verarbeitung abgeschlossen ist, indem Sie Ihre Augen sich öffnen lassen ... und wenn sie sich öffnen, werden Sie sich wohl und wachfühlen ... bereit zu tun, was Sie als nächstes tun wollen.«[7]

Tranceinduktionen und Tranceerfahrungen sind nicht an sich hilfreich, sondern Mittel zum Zweck. Entscheidend ist das Zielerleben, auf das fokussiert werden soll. Dabei helfen Trancen, eine besonders intensive Form der Aufmerksamkeitsfokussierung zu erreichen. Damit sie hilfreich sind, müssen die Ziele sinnlich konkret beschrieben werden, stimmig und attraktiv sein und im Gestaltungsbereich des

6 Ebd., S. 230.

7 Ebd., S. 232.

Klienten mit seinen bewussten und unbewussten Anteilen liegen.

Für eine hypnosystemische Seelsorge ist es hilfreich, diese Zusammenhänge zu kennen und bei Bedarf auch anwenden zu können. In der Regel sind jedoch keine formalen Tranceinduktionen nötig. Auch wenn die Betroffenen alles bei wachem Bewusstsein erleben, ist hypnosystemisches Arbeiten intensives Kopf-Kino. Es fokussiert die Aufmerksamkeit und hilft, unbewusste Verhaltensmuster und unwillkürliche Körperreaktionen zu verändern und in eine gewünschte Richtung zu lenken. Da alles Unwillkürliche schneller und effektiver ist als das, was wir uns bewusst vornehmen, sind Veränderungen auf dieser Ebene besonders effektiv und nachhaltig und scheinen, wenn sie gelingen, ganz leicht zu sein.

Zur Vertiefung

- Gunther Schmidt, Einführung in die hypnosystemische Therapie und Beratung, Heidelberg [9]2020.
- Stefan Hammel, Was ist eigentlich Hypnose? www.shop.stefanhammel.de/startseite/downloads/audios
  Die Audioaufnahme bietet eine praktisch-spielerischen Antwort auf die Frage, indem sie zugleich in Trance führt.
- Mark P. Jensen, Hypnose bei chronischem Schmerz. Ein Behandlungsmanual, Heidelberg [2]2015.
  Dort finden sich weitere hilfreiche Trance-Skripte zum Thema.

4. Alles ist möglich dem, der da glaubt – Die Kraft der Aufmerksamkeitsfokussierung

Amen, das sage ich euch:
Wenn euer Glaube nur so groß ist wie ein Senfkorn,
könnt ihr diesem Berg befehlen: ›Geh von hier nach dort!‹ –
Und er wird dorthin gehen.
Dann wird für euch nichts unmöglich sein.
Matthäus 17,20 (BasisBibel)

Für ein Verständnis hypnosystemischer Arbeit sind Grundannahmen der Systemtheorie, des Konstruktivismus und Ergebnisse der modernen Hirnforschung grundlegend. Systemisches Denken hat nach dem Zweiten Weltkrieg in fast allen Wissenschaftsbereichen zu einem Paradigmenwechsel geführt. Die Begriffe unterscheiden sich von Disziplin zu Disziplin: Kybernetik, Systemtheorie, Kommunikationstheorie, Chaostheorie, Komplexitätstheorie. Im Wesentlichen kann dieser Perspektivwechsel so beschrieben werden, dass die Vorstellung einer objektiv bestimmbaren Realität aufgegeben wurde. Die Idee, dass jeder Wirkung eine klare Ursache zugeordnet werden kann (und umgekehrt), erwies sich als unbrauchbar, weil sie der Komplexität, insbesondere bei lebenden und sozialen Systemen, nicht gerecht wurde.

In der Systemtheorie sind an die Stelle gradlinig-kausaler Erklärungen zirkuläre, also rückbezügliche Erklärungen getreten. Objekte werden nicht mehr isoliert betrachtet, sondern in ihren jeweiligen Wechselwirkungen. Wenn aus diesen anders strukturierten Erklärungen alternative und manchmal überraschende Handlungskonsequenzen gezogen werden, spricht man von systemischem Handeln. Unsere Alltagsvorstellung von Kausalität – diese Wirkung hat jene Ursache – sind bei einfachen mechanischen Vorgängen durchaus berechtigt. Wenn ich den Lichtschalter betätige, geht das Licht an. Sie versagen jedoch in der Regel bei lebenden Organismen und komplexen Systemen, weil die Vielzahl von Ursachen und deren Wechselwirkungen zu ganz unterschiedlichen Ergebnissen führen können. Menschen sind daher grundsätzlich nicht eindeutig vorhersagbar, obwohl sie sich in der Regel nicht so unberechenbar verhalten, wie sie es könnten. Die Vorstellung, ein bestimmtes Verhalten habe einen bestimmten Grund, erweist sich im Licht dieser Erkenntnisse als konstruiert. Diese Konstruktionen können hilfreich sein oder nicht. Meist beeinflussen sie die Realitätswahrnehmung und Erfahrung. Wirklichkeitszuschreibungen können als selbsterfüllende Prophezeiungen wirken. Aus diesen Überlegungen folgt, dass man ein Verhalten nicht zwingend verstehen muss, um es zu ändern. Es macht jedoch einen großen Unterschied, wie es benannt wird, welche Bedeutung ihm beigemessen wird und welche Wechselwirkungen es hat.

Grundlegend für den Konstruktivismus, der eng mit der Systemtheorie verbunden ist, sind die Arbeiten des Biologen und Entwicklungspsychologen Jean Piaget, aber auch Arbeiten der Biologen Humberto Maturana und Francisco Varela und von Neuropsychiatern wie Warren McCulloch. Jean Piaget untersuchte die Entstehung und Konstruktion des kindlichen Weltbildes. Maturana und Varela beschrieben die Selbstorganisation lebender Systeme und McCulloch die Wechselbeziehungen zwischen neuronalen Prozessen und Erkenntnis.

Diese Forschungen legen nahe, dass Menschen ihre Wirklichkeit konstruieren. Unser Gehirn erzählt uns Geschichten über die Welt. Anders als bei einer Fotografie oder einem Film bilden unsere Sinne die Umwelt nicht einfach ab, wie sie ist, sondern wir konstruieren die Welt, in der wir leben. Diese Konstruktion nennen wir Realität. Die Geschichten unseres Gehirns kommen der uns umgebenden Welt dabei in der Regel erstaunlich nahe. Allerdings unterscheidet das Gehirn kaum zwischen Bildern von innen und außen. Deshalb können uns Träume sehr real vorkommen. Und deshalb reagieren wir bis auf der körperlichen Ebene auf vorgestellte Bedrohungen ebenso wie auf reale Bedrohungen.

Sehr wahrscheinlich gibt es so etwas wie eine objektive Realität außerhalb unseres Gehirns, aber wir haben nur einen eingeschränkten Zugang dazu. Um ein Beispiel zu nennen: Von den Nerven, die am Prozess des Sehens beteiligt sind, hat nur ein kleiner Teil direkten Kontakt zur Außenwelt. Der weitaus größere Teil ist mit dem Errechnen und Interpretieren der Bilder beschäftigt. Deshalb sehen wir Dinge, die nicht da sind, und übersehen Dinge, wenn unsere Aufmerksamkeit auf etwas anderes gerichtet ist. Ein anschauliches Beispiel bietet der Aufmerksamkeitstest von Daniel Simons und Christopher Chabris aus dem Jahr 1999. Zwei Teams von weiß und schwarz gekleideten Spielern werfen sich Basketbälle zu. Die Aufgabe besteht darin zu zählen, wie viele Pässe das weiße Team wirft. Dabei übersehen die Zuschauer regelmäßig den Schauspieler im schwarzen Gorillakostüm, der durch das Bild läuft und sich auf die Brust schlägt.[1] Ein Großteil der Zuschauer nimmt ihn nicht wahr. Wer ihn jedoch einmal gesehen hat, fragt sich, wie er ihn je hat übersehen können. Wer die verblüffende Wirkung am eigenen Leib erleben möchte, findet ähnlich aufgebaute Experimente im Internet.[2]

1 https://www.youtube.com/watch?v=vJG698U2Mvo.
2 Z.B. https://www.youtube.com/watch?v=_bnnmWYI0lM.

Was für unseren visuellen Sinn gilt, gilt für die anderen Sinne in ähnlichem Maße. Unser Gehirn erschafft eine Fiktion, die sich in der Regel mit der Realität deckt, aber nicht immer.[3] Das, was wir wahrnehmen, ist immer schon ausgewählt, vorsortiert und gefärbt durch Gefühle, Bewertungen und Vorerfahrungen. Wir nehmen die Welt nicht wahr, wie sie objektiv ist, sondern wir geben dem Ausschnitt, den wir wahrnehmen, eine Bedeutung. Gunther Schmidt hat deshalb vorgeschlagen, statt von Wahr*nehmung* von Wahr*gebung* zu reden.[4] Aus der Konstruktion unserer Wirklichkeit folgt, dass es kein Ereignis gibt, das irgendeine Bedeutung *hat*. Die Frage ist immer, welche Bedeutung wir einem Ereignis *geben*. Genauer gesagt, wie unser Gehirn es *bewertet*, denn in der Regel finden diese Bewertungen nicht bewusst statt.

Unser Gehirn erschafft unsere Welt. Das gilt für unsere Wahrnehmung und in noch stärkerem Maße für die Erklärungsmuster und Zusammenhänge, die wir herstellen. Viele Menschen denken in linear-kausalen Ursache- und Wirkungszusammenhängen. Diese Erklärungen funktionieren bei Maschinen einwandfrei. Das Auto springt nicht an, weil die Zündkerzen verschmutzt sind. Es gibt eine eindeutige Ursache, die sich finden lässt. Und erst, wenn die Zündkerzen gereinigt oder ersetzt wurden, wird es wieder fahren. Erklärungsmuster, die nach Ursache und Wirkung fragen, versagen jedoch regelmäßig bei lebenden Systemen. Dass ein Mensch dieses oder jenes Verhalten an den Tag legt, weil er in der Vergangenheit eine bestimmte Erfahrung gemacht hat, mag naheliegend erscheinen, ist bei genauerer Betrachtung jedoch alles andere als zwingend. Nicht jedes Kind von gewalttätigen Eltern wird selbst gewalttätig. Und

3 Vgl. Frith 2014.
4 Zuletzt Schmidt 2019.

nicht jeder Mensch, der eine traumatische Erfahrung gemacht hat, entwickelt zwangsläufig eine posttraumatische Belastungsstörung. Offensichtlich hängt viel davon ab, wie Erfahrungen verarbeitet und bewertet werden.

Deshalb wird in der hypnosystemischen Arbeit in der Regel nicht nach Gründen für ein Verhalten gefragt, sondern danach, welche Auswirkungen das Verhalten hat – und ob diese gewünscht sind. Es wird nicht nach der Ursache von Symptomen gefragt, sondern nach ihren beziehungsgestaltenden Wirkungen und nach ihren vermutlich guten Absichten. Auch das ist eine Konstruktion, aber oft eine hilfreiche. »Es sind nicht die Dinge selbst, die uns beunruhigen, sondern die Meinungen, die wir von den Dingen haben«, stellte schon der antike Philosoph Epiktet im 1. Jh. n.Chr. fest. Entscheidend ist, welche Bedeutung wir Dingen und Erlebnissen geben und welche Geschichten wir uns über unser Leben erzählen. Aus diesem Grund macht es einen großen Unterschied, ob ich an einen strafenden oder einen barmherzigen Gott glaube. Und deshalb ist es von entscheidender Bedeutung, worauf wir unsere Aufmerksamkeit richten.

Unser Bewusstsein lässt sich als ein Suchscheinwerfer vorstellen, der immer wieder andere Stellen einer riesigen Landschaft beleuchtet. Je nachdem, worauf unsere Aufmerksamkeit gerichtet ist, bekommen wir unterschiedliche Dinge zu sehen. Der Suchscheinwerfer entspricht unserem Alltagsbewusstsein mit unserer gewöhnlichen Alltagsrealität, die Landschaft der Gesamtheit unserer inneren Prozesse und Wahrnehmungen. Die Ausrichtung des Scheinwerfers geschieht zumeist unwillkürlich, lässt sich aber beeinflussen. So kann die Ausrichtung unserer Aufmerksamkeit uns immer tiefer in unsere eigenen Horrorfilme ziehen oder wie Münchhausen am eigenen Schopf aus dem Sumpf. Eine Frau aus meiner Gemeinde, die viel Schweres erlebt hatte, sagte dazu den treffenden Satz: »Ich halte mich durch Loben oben.«

Wir erzeugen unsere Alltagsrealität und unser Erleben in einer Art Regelkreis, den Alexander Hartmann »Reality Loop« nennt.[5] Unsere Imagination, unsere inneren Bilder und Erwartungen rufen körperliche Empfindungen und Gefühle und eine bestimmte Physiologie hervor und beeinflussen so unsere Wahrnehmung. Wenn dies einige Male geschieht, nennen wir das eine Erfahrung und können Geschichten darüber erzählen. Aus diesen Erfahrungen speisen sich unsere Überzeugungen und Glaubenssätze, die wiederum unsere inneren Bilder und Wahrnehmungen beeinflussen. So erzeugen wir unsere Realität. Um ein Beispiel zu nennen: Wenn jemand davon überzeugt ist, nicht vor Menschen sprechen zu können, wird sein Gehirn entsprechende Bilder und Filme produzieren, sobald er eine Rede halten muss. Er wird mit der entsprechenden Erwartung und Haltung ans Rednerpult treten. Sein Körper wird Botenstoffe ausschütten, die vermutlich Kampf oder Flucht ermöglichen, aber kaum eine entspannte und gelassene Aufmerksamkeit. Selbst wenn die Rede ein Erfolg sein sollte, bleibt sie doch als eine unangenehme Erfahrung in Erinnerung, die zu bestätigen scheint, dass derjenige nicht vor Menschen sprechen kann. Der Kreislauf beginnt von Neuem. Wenn ein Mensch sich dagegen selbst als guten Redner und Geschichtenerzähler sieht, wird sein Gehirn die entsprechenden inneren Filme produzieren und sein Körper die entsprechenden Botenstoffe aussenden. Vermutlich wird die Rede als Erfolg wahrgenommen und diese Erfahrung bestärkt den Glauben, ein guter Redner zu sein.

5 Vgl. Alexander Hartmann, Die Hypnose Revolution, Die Geheimnisse der Hypnose; kostenlos herunterzuladen auf: www.alexanderhartmann.de/kostenlos.

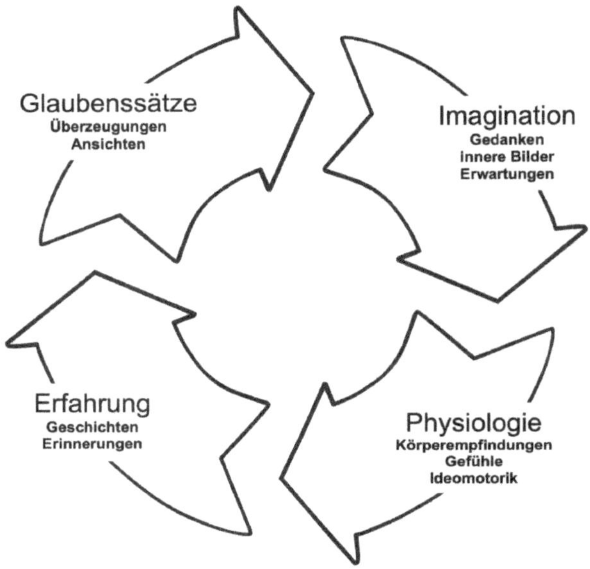

Wie mächtig dieser Mechanismus ist, lässt sich eindrücklich durch hypnotische Phänomene demonstrieren. In Übungsgruppen bitte ich manchmal einzelne Teilnehmer, sich so auf den Stuhl zu setzen, dass sie die Rückenlehne gut spüren können. Dann bitte ich sie, sich vorzustellen, wie eine zusätzliche Schwerkraft auf sie einwirkt und wie sich zwischen dem Stuhl und ihrem Körper ein starker Industriekleber ausbreitet, der langsam abbindet. Anschließend fordere ich sie auf: »Und während du dir das vorstellst, versuche einmal, dich vom Stuhl hochzudrücken – nur um zu spüren, dass es nicht geht.«[6] In der Regel stellen die Teilnehmer erstaunt fest, dass sie nicht in der Lage sind, aufzustehen, obwohl sie völlig wach sind. Wichtig dabei ist, eine bestimmte Physiologie zu etablieren: Der Körper sitzt fest auf dem Stuhl oder im Sessel.

6 Ebd.

Dann werden intensive innere Bilder angeregt: die zusätzliche Schwerkraft und der Superkleber. Anschließend wird suggestiv formuliert: »Während du dir das vorstellst, versuche, dich hochzudrücken ...« Die angeregten Vorstellungen schließen die Möglichkeit aufzustehen aus. Das »Versuchen« impliziert Versagen. Außerdem wird von »hochdrücken« geredet, was schwieriger ist als aufstehen. Wurde von dem Teilnehmer erst einmal die Erfahrung gemacht, dass es nicht mehr möglich ist, den Stuhl zu verlassen, kann man auch ganz direkt formulieren: »Steh auf!«, ohne dass es dem Betroffenen möglich ist. Auf die selbe Art und Weise funktioniert eine Armkatalepsie, wenn suggeriert wird, der Arm sei aus Marmor oder Stahl, oder die Suggestion, dass Menschen ihre Augen nicht mehr öffnen können. Zuerst wird eine entsprechende Körperhaltung angeregt, dann innere Bilder, die es ausschließen, den Arm zu bewegen oder die Augenlieder zu öffnen, also ein Arm aus Marmor, der langsam versteinert oder Augenlieder wie Rollläden aus Metall, die einrasten und abgeschlossen werden. Ab einem gewissen Punkt wird nur noch von »dem Arm« gesprochen und nicht mehr von »deinem Arm«, so als würde er nicht mehr zum Körper gehören, und genau das ist dann auch das Erleben der Probanden.

Hypnotische Phänomene demonstrieren dabei nur besonders eindrücklich, wie wir unsere Wirklichkeit konstruieren und dass viel mehr möglich ist, als wir normalerweise glauben. Stefan Hammel schlägt vor, in diesem Zusammenhang vom »Kleinen Ich« und vom »Großen Ich« zu sprechen. Das »Kleine Ich« ist unser Bewusstsein mit seiner Gewohnheitsrealität, das »Große Ich« unser Unbewusstes und unsere Körperfunktionen. Wenn etwas für unser »Kleines Ich« unmöglich erscheint, heißt das nicht, dass es auch für unser »Großes Ich« unmöglich ist.

An jedem Punkt des Reality Loops lässt sich unser Erleben verändern. Wir können andere Bilder entwerfen von dem, was uns erwartet. Wir können eine Situation anders bewerten und andere Empfindungen und Gefühle entwickeln. Wir können gezielt andere Erfahrungen suchen und machen. Und wir können neue Überzeugungen und Ansichten entwickeln. All das wird unsere erlebte Realität verändern.

Die Konstruktion unserer Wirklichkeit hinterlässt Spuren bis in unser Gehirn. Die neuere Hirnforschung hat durch die bildgebenden Verfahren einen gewaltigen Erkenntnissprung gemacht, da durch sie zum ersten Mal das Gehirn in Aktion beobachtet werden konnte. Wenn wir etwas Neues lernen, werden in unserem Gehirn neue Verbindungen geknüpft. Das geschieht bis ins hohe Alter hinein. Wenn wir das Gelernte regelmäßig anwenden, werden diese Verbindungen gefestigt und verbreitert. Es entstehen Autobahnen in unserem Gehirn.[7] Das, was wir regelmäßig denken und tun, formt uns. Dieses alte Wissen lässt sich inzwischen hirnphysiologisch nachweisen. Es erklärt, warum es uns so schwerfällt, eingefahrene Verhaltensweisen zu ändern, selbst wenn sie nicht mehr zweckdienlich oder sogar schädlich sind. Zugleich zeigt sich, dass sich Verhaltensweisen auch wieder verlernen lassen mit der Folge, dass sich auch die Verbindungen im Gehirn wieder lösen.

Unser Gehirn hat in seiner Entwicklung mehrere Phasen durchlaufen. Aus evolutionsbiologischer Sicht lässt sich vereinfachend sagen, dass wir drei Gehirne im Kopf haben: das Stammhirn, das limbische System oder Mittelhirn und das Großhirn. Das Großhirn, in dem Sprache und rationales Denken verortet sind, ist dabei die entwicklungsgeschichtlich jüngste Errungenschaft. Alle wichtigen Entscheidungen werden im Mittelhirn getroffen, das dem Hirn von Säugetieren entspricht. Hier werden unsere Emotionen und viele unbewusste Prozesse gesteuert. Die Vorstellung, wir seien

7 Vgl. Hüther 2006.

vorwiegend rational gesteuerte Wesen, hat sich als Illusion erwiesen. Eher zutreffend ist, dass im limbischen System Entscheidungen getroffen werden, für die sich unser Großhirn anschließend eine rationale Erklärung zurechtlegt. Hier entscheidet sich auch, wie wir Erlebnisse bewerten. Um Emotionen zu verändern und Entscheidungen zu beeinflussen, reicht es daher nicht, über die nötigen Informationen zu verfügen. Das weiß jeder Raucher, der über die gesundheitlichen Folgen des Rauchens informiert ist. Sehr viel stärker reagiert dieser Teil unseres Gehirns auf Bilder, Metaphern und Geschichten, sowie auf unsere Körperkoordination, die wir bewusst beeinflussen können.

Bereits 1949 formulierte der Psychologe Donald Hebb die Regel, dass Nervenzellen, die gemeinsam aktiv sind, sich miteinander verbinden und so Netzwerke bilden. Zellen, die gemeinsam feuern, verbinden sich. Er legte so den Grundstein für die Entdeckung der synaptischen Plastizität und der neurophysiologischen Grundlagen von Lernen und Gedächtnis. Die Forschungen zum Episodengedächtnis zeigen, dass jede Episode unseres Lebens, die ausreichend bedeutsam für uns ist, in einem Netzwerk unseres Gehirns gespeichert wird. Ein einzelner Reiz z.B. ein bestimmter Geruch oder ein Musikstück, der mit diesem Netzwerk verbunden ist, kann die komplette Episode wieder in unser Bewusstsein holen.

Wenn unser Gedächtnis aus Episoden besteht, legt das nahe, dass wir nicht nur eine Vergangenheit besitzen, sondern Tausende von unterschiedlichen Vergangenheitsepisoden. Aus diesem Grund ist auch die Rede vom »inneren Kind« oft zu vereinfachend. Zutreffender scheint es mir, dass jeder von uns einen inneren Kindergarten hat, weil unser Gehirn ganz unterschiedliche Kindheits-Episoden aus unterschiedlichen Zeiten abgespeichert hat. Wir besitzen auch kein »Ich«, nach dem Motto: »So bin Ich eben«, sondern unser Ich-Erleben hängt maßgeblich davon ab, welches Netzwerk aktiviert ist.[8]

Auch Menschen, die schwere traumatische Erfahrungen gemacht haben und deshalb unter massiven Flashbacks leiden, können lernen, sich auf andere Erfahrungen zu fokussieren und so ein glückliches Leben zu führen. Es ist nur zum Teil zutreffend, dass die Vergangenheit unsere Gegenwart bestimmt. Ebenso gut lässt sich sagen, dass sich in der Gegenwart entscheidet, welche Episoden der Vergangenheit unser Inneres auswählt und welche Bedeutung es ihnen gibt. Oder, um es mit einem Zitat zu sagen, das Milton Erickson zugeschrieben wird: »Es ist nie zu spät, eine glückliche Kindheit zu haben.«[9] Das entwertet nicht die erlittenen Erfahrungen, erlaubt aber einen anderen Umgang in der Gegenwart damit.

Viele Menschen sind der Meinung: Erst wenn man die Ursache von Problemen verstünde, könne man sie lösen. Dieser Glaube ist weit verbreitet und auch nachvollziehbar, gilt aber in der Regel eben nur für technische Probleme mit klaren Ursache-Wirkungs-Beziehungen. Bei menschlichen Problemen führt er regelmäßig in die Irre. Er verleitet dazu, sich mehr mit den Problemen als mit den Lösungen zu beschäftigen. Wenn ich der Überzeugung bin, dass ich erst meine Kindheit verstehen und aufarbeiten muss, um gesund zu werden, werde ich viel Zeit dafür aufwenden. Effektiver und schmerzfreier lassen sich viele Probleme jedoch lösen, wenn die Aufmerksamkeit auf die Ressourcen und das gewünschte Erleben in der Zukunft gerichtet wird. Das erklärt die verblüffend schnellen Erfolge hypnosystemischer Therapie und

8 Vgl. Schmidt, Grundkurs 2019, DVD 1.

9 Vgl. auch das gleichnamige Buch von Ben Furman, [6]2008.

anderer lösungs- und ressourcenorientierter Kurzzeittherapien. Die Netzwerke im Gehirn, die das Problemerleben hervorbringen, sind nicht dieselben, die das Lösungserleben erzeugen. Der Lösung ist das Problem egal. Oft reicht es bereits, einen Teil des Problemerlebens zu verändern, um ein anderes Netzwerk zu aktivieren. Gunther Schmidt schlägt z.B. vor, während einer Panikattacke tief zu atmen und mit tiefer Stimme zu sagen: »Ich habe solche Angst!« Es wird schwer sein, Panik zu erleben, wenn man zugleich tief atmet und ruhig spricht. Das liegt daran, dass tiefer Atem und eine entsprechende Stimmlage mit anderen Erlebnisnetzwerken verknüpft sind und diese aktivieren.[10]

In der Regel geschieht die Fokussierung unserer Aufmerksamkeit nicht bewusst, sondern unwillkürlich. Gerade im Zusammenhang mit Problemen wird das oft leidvoll erlebt. Wir nehmen uns nicht vor, belastende Erinnerungen oder negative Gefühle zu haben, sie tauchen einfach auf, ebenso wie hoher Blutdruck, Angst oder Schmerzen. Und doch lässt sich all das mit hypnosystemischen Techniken gut beeinflussen. Gerade intensives Problemerleben funktioniert wie Tranceerleben, es handelt sich gewissermaßen um eine »Problem-Trance«. Die Aufmerksamkeit ist auf das Problem fokussiert. Hilfreiche Erlebnismuster sind ausgeblendet und wie abgeschnitten. Dann ist es hilfreich, Klienten oder auch sich selbst zu ent-hypnotisieren, aus der Problem-Trance zu holen und stattdessen eine Lösungs-Trance anzuregen. Die Dekonstruktion des Gewohnten hilft dabei, die eigene Handlungsfähigkeit stärken und neue und nützlichere Muster vorzubereiten.

Hypnosystemische Techniken sind machtvolle Instrumente der Aufmerksamkeitsfokussierung. Mit ihnen lassen sich intensive innere Bilder und Filme des gewünschten Er-

10 Vgl. Schmidt, Grundkurs 2019, DVD 2.

lebens erzeugen und oft schnelle Veränderungen erreichen. Dies gilt für innerpsychische und zwischenmenschliche Probleme ebenso wie für viele körperliche Beschwerden.

Eine Frau aus meiner Gemeinde verfügt über eine beeindruckende Kraft im Umgang mit ihren Krankheiten und Gebrechen. Bereits zweimal in ihrem Leben war sie an den Rollstuhl gefesselt und hat gegen die ausdrückliche Erwartung ihrer Ärzte wieder laufen gelernt. Mehrfach hat sie langfristig große See- und Weltreisen gebucht, als niemand außer ihr sich vorstellen konnte, dass sie diese auch würde antreten können.

An einem Sonntag kam sie vor dem Gottesdienst, um ihre Termine in der Gemeinde abzusagen. Sie konnte kaum sprechen, da sie nur mit Mühe Luft bekam. Zwischen ihren abgehackten Atemzügen bekam sie nur einzelne Worte heraus. Sie war in ärztlicher Behandlung und sagte, dass ihr Arzt damit rechne, dass es noch ein paar Wochen dauern werde, bis sich ihre Bronchien so weit entkrampften, dass sie wieder normal atmen könne.

Ich rief sie am Abend an und schlug ihr vor, etwas für ihren freien Atem zu tun. Da in solchen Fällen reale Erinnerungen besonders wirksam sind, bat ich sie, sich vorzustellen, dass sie in einem Liegestuhl an Deck eines Kreuzfahrtschiffes liegt, das in der Karibik unterwegs ist, die gute Seeluft zu atmen ... zu sehen, wie die Wellen erst aufgewühlt sind und sich dann immer weiter beruhigen ... die Delfine zu beobachten, wie sie sanft und elegant aus dem Wasser auftauchen und wieder eintauchen ... den Mantarochen zu beobachten, der mit langsamen Schlägen durch das warme Wasser gleitet[11] ... die Korallen, die sich im Wasser wiegen ... und ihrem Körper zu erlauben, ihre Bronchien so zu ent-

11 Vgl. Hammel 2009, S. 50.

spannen, wie es für sie angenehm ist, denn wenn ein Körper wisse, wie er wieder gesund werde, dann ihrer. Nachdem ich ca. 20 Minuten so mit ihr gesprochen hatte und sie am Telefon fast eingeschlafen wäre, war sie in der Lage, sich normal und in ganzen Sätzen von mir zu verabschieden. Wir wiederholten die Prozedur zwei Abende später, und sie benötigte nur noch gelegentlich ein Asthmaspray.

Zur Vertiefung

- Gunther Schmidt, Systemische und hypnotherapeutische Konzepte für Organisationsberatung, Coaching und Persönlichkeitsentwicklung. 95 Stunden Originalvortrag auf 8 MP3-CDs, Müllheim/Baden 2006.
  Es handelt sich um eine gut hörbare Ausbildungsaufzeichnung und umfassende Einführung in hypnosystemische Konzepte.
- Alexander Hartmann, Die Hypnose Revolution, www.alexanderhartmann.de/kostenlos
  Alexander Hartmann, der ursprünglich aus der Showhypnose kommt, demonstriert den Reality loop anhand hypnotischer Phänomene.
- Tom Faith, Handbuch der Blitzhypnose. In 7 Tagen zum Realitätsverbieger, Berlin 2015.
  Neben dem etwas fragwürdigen Versprechen, in sieben Tagen Blitzhypnose zu lernen, enthält das Buch gut nachvollziehbare Schritt-für-Schrittanleitungen für schnell wirksame Hypnoseinduktionen.

5. Ein Häkelkurs für die Seele – Probleme trennen, Lösungen verknüpfen

Genau das sollt ihr auch von euch denken:
Für die Sünde seid ihr tot.
Aber ihr lebt für Gott, weil ihr zu Christus Jesus gehört.
Brief des Paulus an die Römer 6,11 (BasisBibel)

Menschliches Erleben wird Sekunde für Sekunde neu erzeugt, auch wenn uns das nicht bewusst ist.[1] Unser Gehirn ist ständig dabei, Erlebniselemente zusammenzufügen, entweder wie gewohnt oder auf eine neue Art und Weise. Die entscheidenden Faktoren dabei sind:

- Wie wird etwas beschrieben?
- Wie wird etwas benannt?
- Wie wird etwas bewertet?
- Wie wird etwas erklärt?
- Welche Schlussfolgerungen werden daraus gezogen?
- Welche inneren Dialoge haben die Beteiligten?
- Wie gehen sie dabei mit sich selbst um und wie kommunizieren sie nach außen?
- Welche inneren Filme über Vergangenheit, Gegenwart und Zukunft sind damit verknüpft?
- Welche Emotionen sind damit verbunden?
- Welche Körperkoordination, Atmung, Mimik, Gestik sind damit verbunden?

1 Vgl. zum ganzen Absatz Schmidt, Aufbaukurs 2019, DVD 1.

- Welches Alters-, Raum- und Größenerlebnis haben Menschen dabei?
- Und welche Metaphorik gebrauchen die Beteiligten?

Wenn Menschen ihr gesamtes Erleben konstruieren, dann sind folglich auch ihre Probleme konstruiert. Das bedeutet nicht, dass sie deshalb weniger quälend oder schmerzhaft wären. Aber es bietet eine Vielzahl von Veränderungschancen, Probleme zu dekonstruieren. Viele Probleme, seien sie psychischer, körperlicher oder sozialer Natur, werden durch die Art und Weise der Aufmerksamkeit stabilisiert, die ihnen zuteilwird – sie werden chronisch oder verschlimmern sich. Und manche Probleme existieren in erster Linie als Ergebnis von Präventionsstrategien, z.B. wenn bei Angsterkrankungen die auslösende Situation panisch gemieden werden.

Menschen suchen die Hilfe eines Seelsorgers oder einer Therapeutin, wenn ihnen ihre Probleme über den Kopf wachsen, d.h. konkret, wenn die Schwere, Komplexität oder Dauer eines Problems ihre Fähigkeit, es zu lösen, übersteigen. Deshalb ist es hilfreich, Probleme, ebenso wie Schmerzen, zu fragmentieren, d.h. sie in kleine Portionen zu unterteilen, an denen gearbeitet werden kann. Damit wächst die Hoffnung, ein Problem nach dem anderen lösen zu können.

Ein Mann bat kurzfristig um ein Seelsorgegespräch. Kaum, dass er sich gesetzt hatte, fing er an zu weinen. Er berichtete von seiner aktuellen Trennung und zählte dann in kurzer Folge die ungerechten Behandlungen, Verlust- und Ohnmachtserfahrungen seit seiner Kindheit auf, immer wieder unterbrochen von heftigem Schluchzen. Nachdem ich ihm eine Zeitlang zugehört und ihn mit Taschentüchern versorgt hatte, fragte ich ihn, ob er die Karteischränke in Verwaltungen kenne, bei denen sich immer nur eine Schublade öffnen lässt, während die anderen blockiert sind. Er bejahte und ich schlug ihm vor, sich solch einen Schrank vorzustellen, in Gedanken die oberste Schublade zu öffnen und alles, was mit der aktuellen Trennung zu tun habe, hineinzutun. Ich erklärte ihm, dass es ja eine ausgedachte Schublade sei und sie deshalb beliebig groß sein könne. Er ließ sich darauf ein und wir überlegten eine Weile, was alles in diese Schublade gehört. Er beschriftete die Schublade, und nachdem er gedanklich alles Belastende hineingetan hatte, schlossen wir sie, was von mir lautmalerisch und gestisch begleitet wurde. Anschließend fragte ich ihn, was in die nächste Schublade solle, und wie wir sie beschriften sollten. Er befüllte sie und wir schlossen sie. Diese Prozedur wiederholten wir so lange, bis alles, was ihn belastete, in eine eigene Schublade sortiert war. Während dieses Gedankenexperiments beruhigte er sich mehr und mehr. Am Ende bat ich ihn, sich die schönste Erfahrung seines Lebens in Erinnerung zu rufen und das damit verbundene Gefühl in Gedanken wie ein Parfüm in einen Zerstäuber zu tun und damit das Innere jeder einzelnen Schublade zu besprühen. Ich erklärte ihm die Idee dahinter. Jedes Mal, wenn er dann eine seiner Schubladen öffnen würde, komme ihm als Erstes mit dem Duft das kraftvolle Gefühl in Erinnerung. Nach einer dreiviertel Stunde bedankte er sich dafür, dass er sich aussprechen durfte, und ging nach einem gemeinsamen Gebet gefasst und gelöst.[2]

Die Metapher des Karteischranks beinhaltet starke Implikationen, die sich unmittelbar auf das Erleben auswirken. Probleme werden gedanklich getrennt. Das hat eine sehr entlastende Wirkung, weil sie so weniger überwältigend erlebt werden. Das Bild suggeriert zugleich, dass die Schubladen geschlossen bleiben, es sei denn, sie werden bewusst wieder geöffnet. Diese Suggestion wird durch das lautmalerische

2 Vgl. Hammel 2009, S. 154 und Hammel 2014, S. 68ff.

und gestische Schließen der Schubladen noch verstärkt. Zudem erlebt der Klient, dass er seinen Problemen nicht hilflos ausgeliefert ist. Er sortiert sie und entscheidet, wann er eine Schublade öffnet, um sie sich näher anzusehen. Das Bild des Karteischranks hilft dem Klienten, eine Metaposition aufzubauen, die eine Steuerung von tendenziell überwältigenden inneren Prozessen erlaubt. Es hilft in einem weiteren Schritt auch, Probleme einzeln zu lösen, ohne dass das Gefühl aufkommt, es würde sich nichts ändern, weil alle anderen Probleme noch da seien. Durch die Idee des Parfüms werden die Probleme zusätzlich mit der Erfahrung von Kraft und Glück behaftet.

Probleme zu trennen und Lösungen zu verbinden ist eine Grundlage hypnosystemischen Arbeitens.[3] Statt »Problem« lässt sich auch »Belastung«, »Symptom« oder »Defiziterleben« sagen, statt »Lösung« auch »Fähigkeiten«, »Ressourcen«, »Kompetenzen« oder »Gesundheit«. Die entscheidende Frage ist: Was ist mit dem Ich-Erleben verbunden und was ist von ihm getrennt, was ist also assoziiert und was ist dissoziiert? Dissoziation wird hier als ein natürlicher Vorgang verstanden und nicht als krankhafte Abspaltung vom bewussten Erleben. Da unsere Aufmerksamkeit begrenzt ist, sind notwendigerweise nur einige Erlebnisse, Empfindungen und Erfahrungen im Fokus der Aufmerksamkeit und viele andere außerhalb. Wenn ich mich frage, wie sich die Füße in den Schuhen anfühlen und der Stoff der Strümpfe auf der Haut, dann rückt diese Empfindung in den Fokus der Aufmerksamkeit. Vorher war sie in der Regel nicht bewusst, also dissoziiert. Das kann z.B. bei Schmerzen ausgesprochen nützlich sein. Ein Mensch kann so mit anderen Dingen beschäftigt sein, dass er seine Schmerzen nicht mehr

3 Vgl. Hammel 2014, S. 42ff.

wahrnimmt. Wenn der Aufmerksamkeitsfokus dagegen auf Problemen und einem belastenden Erleben liegt, sind oft die eigenen hilfreichen Fähigkeiten und Ressourcen wie abgeschnitten. Es sind andere Netzwerke im Gehirn aktiv. Je stärker das Problemerleben ist, desto stärker sind die hilfreichen Ressourcen dissoziiert und weitere, ähnliche Probleme assoziiert. Stefan Hammel nennt das Problemspaghetti.[4] Wie bei klebrigen Nudeln zieht man an einer und bekommt gleich alle auf einmal. Ein solches Erleben kann übermächtig werden und erschwert die Lösung von Problemen. Selbst wenn ein Problem gelöst wurde, gibt es noch so viele andere, dass das Gefühl bleibt, es würde sich nichts ändern. Ziel hypnosystemischer Arbeit ist es deshalb, das Problemerleben zu fragmentieren und damit zu schwächen und das Lösungserleben zu stärken.

Es können nicht nur verschiedene Probleme voneinander getrennt werden. Ebenso lassen sich Probleme in Teilaspekte untergliedern. Erickson erklärte Menschen mit chronischen Schmerzen oft, dass sich ihr Schmerz aus drei Teilen zusammensetze, dem akuten Schmerz in der Gegenwart, dem erinnerten Schmerz aus der Vergangenheit und dem erwarteten Schmerz in der Zukunft. Der akute Schmerz mache also nur ein Drittel des Schmerzes aus. Oder er leitete eine Behandlung mit der Bemerkung ein: »Es gibt eine organische Basis für Ihren Schmerz. Und diesbezüglich kann ich nichts für Sie tun. Aber es gibt auch eine psychologische Komponente, und das ist ein Bereich, in dem wir miteinander arbeiten können.«[5]

4 Hammel, Seminargespräch 2019.

5 Zitiert nach Short/Weinspach 2010, S. 116.

Probleme können voneinander und in sich getrennt werden, wie in dem oben beschriebenen Beispiel. Außerdem hilft es, sie durch entsprechende Formulierungen und Bilder vom Ich-Erleben zu trennen. Auf diese Art und Weise lassen sich Probleme zeitlich, örtlich, personal, kausal, modal oder mit Blick auf die Realitätsebene trennen:

- Mit Blick auf die *Zeitform* kann von Problemen konsequent in der Vergangenheitsform gesprochen werden. »Bisher hatten Sie ...« oder: »In der Vergangenheit war es so, dass ...« Oder sie können in eine ferne Zukunft verschoben werden. »Wenn es Ihnen recht ist, sagen Sie doch bitte ihrem Krebs einen Gruß, er darf gerne in 100 Jahren wiederkommen.«[6] Manchmal kann es hilfreich sein, die Bedeutung der Zeit zu relativieren, in dem man erklärt, dass die Vergangenheit nur als Erinnerung in der Gegenwart existiert. Dasselbe gilt für die Zukunft, die es nur als Projektion oder Erwartung in der Gegenwart gibt. Da alles nur in der Gegenwart existiert, lässt es sich auch beeinflussen.
- Mit Blick auf die *Dauer* ist es sinnvoll, nach Unterschieden zu fragen. Gerade bei chronischen Problemen stellt sich oft das übermächtige Gefühl ein, etwas sei schon immer so. Dann können Fragen nach der Häufigkeit, nach Ausnahmen oder auch skalierende Fragen nach der Intensität überraschende Ergebnisse erzielen. Problemerleben, das zuvor als »immer« etikettiert wurde, kann mit Begriffen wie »gerade« mit einem beliebig kurzen »Jetzt« verknüpft und so vom andauernden Gegenwartserleben dissoziiert werden.

6 Hammel 2014, S. 50.

- Mit Blick auf die *Person* können Probleme vom Ich-Erleben getrennt werden, indem das Problem in die 3. Person verlagert wird. Menschen mit Problemen neigen dazu, sich in Gedanken dafür zu beschimpfen oder zu verurteilen. Deshalb lässt sich leicht plausibel machen, dass es zumindest zwei Seiten in ihnen geben muss: eine Seite, die das Problem macht, und eine, die es verurteilt. Es zeigt sich, dass es einen spürbaren Unterschied im Erleben macht, ob Menschen sagen: »Ich habe ein Problem« oder wenn sie sagen: »Eine Seite in mir hat ein Problem«. Ein ähnlicher Effekt tritt ein, wenn von Schmerzen in der 3. Person geredet wird, also statt von »Ihren Schmerzen« z.B. von den »Schmerzen des Körpers«. Eine andere Möglichkeit besteht darin, dass der Therapeut den Klienten bittet, seine Probleme liebevoll und mitfühlend so zu schildern, dass er über sich selbst in der 3. Person spricht.
- Eine weitere Variante, Probleme vom Ich-Erleben zu trennen, besteht darin, denjenigen, der das Problem hat, aus einer Person herauszuholen und gedanklich auf einen anderen Stuhl zu setzen.[7] Gemeinsam lässt sich dann überlegen, wie es der fiktiven Person auf dem anderen Stuhl geht und was sie braucht, damit es ihr besser geht. Schon dieses gedankliche Herausholen wird oft als sehr entlastend erlebt. Dieses Vorgehen wird ausführlich in Kapitel 15 beschrieben.
- Man kann das *Gute am Problem* vom *Schlechten am Problem* trennen. Viele Probleme sind Lösungsversuche mit einem hohen Preis. Diese Lösungsversuche sind durchweg zu würdigen. In der hypnosystemischen Arbeit hat es sich deshalb als hilfreich erwiesen, Problemen und Symptomen gute Absichten zu unterstellen und diese

7 Vgl. Hammel 2019 und Kapitel 15, Der Hoffnung einen Platz geben.

von den schlechten Strategien bzw. Auswirkungen zu trennen. Oft zeigt sich in diesem Zusammenhang, dass Symptome, die gute Absicht haben, Klienten vor einer erneuten – real aber vielleicht gar nicht mehr vorhandenen – Bedrohung zu schützen, also quasi als Leibwächter auftreten (siehe S. 135 und 154).

- Probleme lassen sich *kausal* dekonstruieren, indem glaubhaft dargelegt wird, dass Dinge, die bisher zusammen gesehen wurden, nicht im Zusammenhang stünden, also z.B. die Probleme, die jemand mit den Kollegen auf der Arbeit hat, nichts mit den Problemen in der Partnerschaft zu tun haben, auch wenn an beiden Stellen ähnliche Verhaltensmuster auftreten.
- Mit Blick auf die *Realitätsebene* lassen sich Problembeschreibungen auf die Ebene von Zitaten oder bloßen Meinungen oder in den Konjunktiv verschieben. Statt zu sagen: »Sie haben ein Problem«, kann gesagt werden: »Sie sagen, Sie haben ein Problem.« Oder: »Das kann man mit Recht als Problem bezeichnen.«

Diese sprachlichen Formulierungen helfen Menschen, sich von einem als übermächtig erlebten Problem zu distanzieren und so den Kopf frei für Lösungen zu bekommen. Das gelingt umso besser, je weniger Widerspruch diese Formulierungen hervorrufen.

Auf dieselbe Art und Weise lassen sich in umgekehrter Richtung Lösungen und Ressourcen verbinden und mit dem Ich-Erleben verknüpfen.

- Oft reden Klienten im Konjunktiv davon, was sie zur Lösung des Problems tun könnten: »Ich könnte natürlich aufhören zu rauchen.« Dann hilft es, diese Sätze im Indikativ zu formulieren, um ihnen mehr Kraft zu geben. Der

Konjunktiv kann aber auch gespiegelt und dazu einsetzt werden, die Sicherheit, mit der ein Problem als Realität dargestellt wird, zu untergraben: »Sie könnten natürlich aufhören zu rauchen.«

- Lösungen bzw. Ressourcen lassen sich assoziativ verbinden. So kann man z.B. die Erwartung ausdrücken, dass mit den gelösten Problemen auf der Arbeit auch die Probleme in der Partnerschaft verschwinden werden – oder umgekehrt. Dazu reicht es völlig, einen plausiblen Zusammenhang herzustellen. Dieser muss nicht zwingend logisch im Sinne einer äußeren Realität sein, oft reicht die Binnenlogik einer Geschichte. In einem Märchen können Zauberer zaubern, und im Trickfilm sind andere Dinge möglich als in der Realität. Deswegen lösen Geschichten in der Regel auch keinen Widerspruch aus, wenn sie in sich stimmig sind.
- So, wie man den, der ein Problem hat, in Gedanken auf einen anderen Stuhl setzen kann, lässt sich auch der, der das Problem auf gute Weise gelöst hat, aus dem Reich der Möglichkeiten in die Realität holen, damit der Klient sich mit ihm identifizieren kann. Auch dieses Vorgehen wird in Kapitel 15 beschrieben.
- So sinnvoll es ist, bei der Beschreibung von Problemen darauf hinzuweisen, dass es nur eine Seite des Klienten ist, die ein Problem hat, so hilfreich ist es, Lösungen und Ressourcen mit dem Ich-Erleben und der ganzen Person zu verknüpfen nach dem Motto: »So bin ich.« Oder: »Ich bin eben ein Glückskind.«
- Mit Blick auf die Zeit kann die Erwartung geweckt werden, dass Lösungszustände dauerhaft bleiben, indem z.B. behauptet wird, der neue Zustand sei ein Update. Computer oder Programme, die ein Update erhalten haben,

kehren ja auch nicht zu früheren Programmversionen zurück. Oder Klienten können zu einem »gefühlt für immer« bestehenden Lösungserleben eingeladen werden: »Das ist gekommen, um zu bleiben.«

- Und natürlich sind alle Lösungen in der Gegenwart zu beschreiben.

Solange ein Problem als übermächtig empfunden wird, sollte es deutlich von den Ressourcen getrennt werden. Wenn in der hier beschriebenen Weise das Lösungserleben und die eigenen Ressourcen gestärkt wurden, können sie mit dem geschwächten Problemerleben verbunden werden, um damit das Problem noch weiter zu schwächen.

Problemerleben und Lösungserleben sind jeweils mit eigenen Erlebnis- und Verhaltensmustern verbunden, konkret: Wenn es Menschen schlecht geht, nehmen sie eine bestimmte Körperhaltung ein, gehen und atmen auf eine bestimmte Weise, wälzen Probleme, denken mit Sorgen an die Zukunft oder an negative Zeiten aus der Vergangenheit, sind schmerzempfindlicher, Blutdruck und Hormonhaushalt verhalten sich entsprechend, und ein bestimmtes Netzwerk von Nerven im Gehirn ist aktiv. Die eigenen Kompetenzen und positiven Zukunftsszenarien, die Hoffnung vermitteln könnten, sind dissoziiert. Dasselbe gilt in umgekehrter Weise für Zeiten, in denen es Menschen gut geht. Sie nehmen eine andere Körperhaltung ein, gehen und atmen auf andere Weise, denken voll Zuversicht an die Zukunft oder an positive Zeiten aus der Vergangenheit, sind schmerzunempfindlicher, Blutdruck und Hormonhaushalt verhalten sich entsprechend und ein anderes Netzwerk von Gehirnzellen ist aktiv.

Diese Erlebnis- und Verhaltensmuster laufen überwiegend unwillkürlich ab. Wenn es gelingt, angesichts von Problemen ein positives und kraftvolles Erleben zu aktivieren, ergeben sich oft wesentlich größere Handlungsspielräume und es stellen sich andere Gefühle und Gedanken ein. Eine Änderung der Muster funktioniert über innere Bilder oder auf körperlicher Ebene über die Atmung oder über die Körperkoordination, die der bewussten Kontrolle zugänglich sind. Die Körperkoordination ist im Erlebensnetzwerk ein starker Einflussfaktor, der nach und nach auch die anderen Erlebniskomponenten nach sich zieht, wie schon Charlie Brown von den Peanuts wusste:

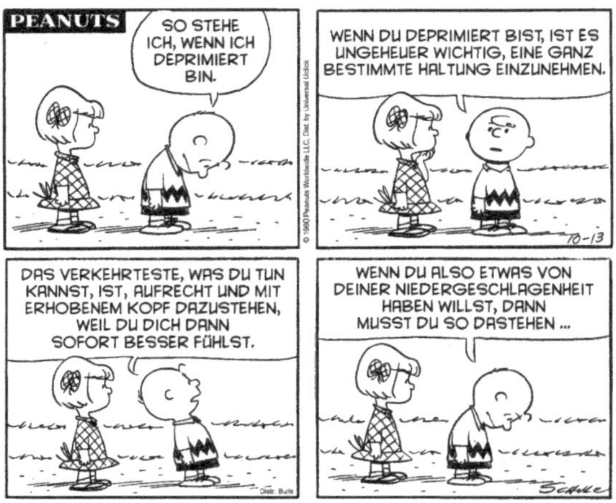

Anders gesagt: Wie ich gehe, so geht es mir. Allerdings reicht es in der Regel nicht, sich einfach vorzunehmen, eine andere Haltung einzunehmen, weil die anderen Komponenten des Erlebnismusters einen blitzschnell in das alte Muster zurückziehen.

Gunther Schmidt hat deshalb aus eigenen leidvollen Erfahrungen die »Problem-Lösungs-Gymnastik« entwickelt.[8] Dabei nimmt man angesichts eines Problems abwechselnd und übertrieben zuerst die Körperhaltung ein, die mit dem

8 Vgl. Schmidt 2006 und Schmidt/Dollinger/Müller-Kalthoff ^{2}2011, S. 89ff.

Problem assoziiert ist, und danach die Körperhaltung, in der es einem gut geht und man vollen Zugang zu seinen Ressourcen und Kompetenzen hat. Dadurch, dass beide Haltungen abwechselnd und mehrfach eingenommen und wie bei einer gymnastischen Übung trainiert werden, wird eine Brücke zwischen den Erlebnismustern gebaut. So kann die Problem-Körperhaltung, die sich immer wieder unwillkürlich einstellt, zum Erinnerungsanker dafür werden, dass ein anderes Erleben und Auftreten möglich ist.[9] Ein anderes eindrucksvolles Beispiel dafür, wie sich in wenigen Minuten durch das Einnehmen einer anderen Körperhaltung das eigene Selbstbewusstsein und auch der Testosteron- und Cortisol-Spiegel im Blut ändern lässt, zeigen die Forschungen von Amy Cuddy und ihr TED-Vortrag von 2012.[10]

In der hypnosystemischen Arbeit wird die Annahme konsequent zu Ende gedacht, dass unsere Probleme konstruiert sind, und zwar von uns selbst. Das ermöglicht es, das Material, d.h. die Themen eines Problems sowie unsere Reaktionen auf sie, neu zu verbinden und hilfreichere Konstruktionen zu bauen. Stefan Hammel bezeichnet das mit Gunther Schmidt als »Häkelkurs für die Seele«.[11]

Zur Vertiefung

- Stefan Hammel, Therapie zwischen den Zeilen. Das ungesagt Gesagte in Psychotherapie, Beratung und Heilkunde. Stuttgart 2014.
  Hier besonders die Seiten 39ff.
- Gunther Schmidt, Liebesaffären zwischen Problem und Lösung. Hypnosystemisches Arbeiten in schwierigen Kontexten, Heidelberg ^{2}2007.

9 Vgl. Schmidt/Dollinger/Müller-Kalthoff ^{2}2011, S. 89ff.
10 https://www.ted.com/talks/amy_cuddy_your_body_language_may_shape_who_you_are?language=de (abgerufen am 17.12.2021).
11 Hammel 2014, S. 74. Vgl. auch Schmidt ^{4}2011, S. 68ff.

6. Alles neu gerahmt – Utilisation und Reframing

Seht euch die Wiesenblumen an:
Sie wachsen, ohne zu arbeiten
und ohne sich Kleider zu machen.
Ich sage euch: Nicht einmal Salomo in all seiner Herrlichkeit
war so schön gekleidet wie eine von ihnen.
So schön macht Gott die Wiesenblumen.
Dabei gehen sie an einem Tag auf
und werden am nächsten Tag im Ofen verbrannt.
Darum wird er sich noch viel mehr um euch kümmern.
Die Bergpredigt: Matthäus 6,28-30 (BasisBibel)

Eine der Grundlagen hypnosystemischen Arbeitens besteht darin, alles, was ein Klient mitbringt, wertzuschätzen und zu nutzen, auch die problembehafteten Seiten seines Verhaltens. Utilisation (von engl. *to utilize* - nutzbar machen) war nicht nur eine unverwechselbare Strategie Ericksons, sondern eine Haltung, die ihn auszeichnete und alle seine Interventionen durchzog. Er betrachtete alles, was Patienten mitbrachten, mit großem Respekt, auch die schwierigen Seiten, wegen derer sie in Behandlung waren. Menschen in schwierigen Lebenssituationen haben ein besonders großes Bedürfnis, wahrgenommen und akzeptiert zu werden, und für Erickson war Akzeptanz der grundlegende Ansatz, sich menschlichen Problemen zu nähern.[1] Die Strategie der Utilisation war für ihn eine Form der annehmenden und wertschätzenden Liebe, die Menschen zugleich befähigte und ermutigte, etwas Neues auszuprobieren. Dadurch, dass Erickson in der Lage war, alle Seiten eines Patienten anzu-

1 Vgl. Short/Weinspach 2010, S. 240.

nehmen, gelang es ihm fast immer, sie zur Mitarbeit in der Therapie zu bewegen. »Paradoxerweise kann Akzeptanz als bezwingende Kraft für die Veränderung genutzt werden.«[2]

Utilisation bedeutet, das Unnütze zu nützen und das Problem vor den Karren der Lösung zu spannen.[3] Darin war Erickson ein Meister. In seiner Zeit am Worcester State Hospital gab es einen jungen Patienten, der der festen Überzeugung war, Jesus zu sein. Mit seinen aggressiven Missionsversuchen hatte er bereits alle Menschen in seiner Umgebung gegen sich aufgebracht. Erickson, in dem er eine Vaterfigur sah, sagte zu ihm, er sei als Messias doch auf der Erde, um den Menschen zu dienen. Als der Patient bejahte, gab er ihm den Auftrag, die Asche auf dem Tennisplatz für die Ärzte zu glätten, da Gott doch sicher nicht wolle, dass all diese Klumpen auf dem Tennisplatz lägen. Und weil Jesus ja auch Zimmermann war, beauftrage Erickson den Patienten als Nächstes, ein Regal für die psychologische Bibliothek zu bauen.

Man kann sich fragen, welchen Sinn es hat, einen Menschen in dem Glauben zu lassen, er sei der Messias. Milton Erickson nutzte das wahnhafte Weltbild des Patienten, um ihn stärker in der Realität zu verhaften. Er erreichte mit seinem Vorgehen mehrere Veränderungen: Die Wertschätzung der Ärzte, die gerne Tennis spielten, gegenüber dem Patienten stieg. Zugleich war das Bücherregal ein sichtbares Zeichen seiner Fähigkeiten. In dem Maße, in dem er im realen Leben Anerkennung erfuhr, nahm die Kraft seines wahnhaften Denkens ab. Am Ende wurde er Hausmeister der Bibliothek des Krankenhauses.[4]

Das Beispiel zeigt, dass sich selbst wahnhafte Vorstellungen nutzen lassen, um Menschen einer Heilung oder Lösung näherzubringen. Erickson utilisierte die Weltbilder seiner

2 Short/Weinspach 2010, S. 242.

3 Vgl. Hammel 2011, S. 11ff.

4 Vgl. Short/Weinspach 2010, S. 239ff.

Patienten, ihre früheren Lernerfahrungen, ihre Emotionen, Trancephänomene oder das Setting der Therapie sowie Ereignisse, die mit hoher Wahrscheinlichkeit in der Zukunft eintreten würden und vieles andere und machte sie so für die Therapie nutzbar. Erickson selbst benutzte gerne das Bild eines Flusses, um das Konzept zu erklären: »Wenn sich eine Person der Strömung entgegenstellt und versucht, sie zu blockieren, wird das Wasser nur um sie herumfließen, oder sie wird weggeschwemmt. Aber wenn sie die Kraft des Flusses akzeptiert und sie in eine andere Richtung lenkt, wird diese Kraft einen neuen Kanal schaffen.«[5]

In der hypnosystemischen Seelsorge bedeutet Utilisation, Klienten in ihrem Weltbild ernst zu nehmen und wertzuschätzen, auch wenn man selbst dieses Weltbild nicht teilt. Es bedeutet, auch problematischem Verhalten oder Symptomen eine gute Absicht zu unterstellen. Viele Symptome oder Probleme lassen sich als Lösungsversuche mit einem hohen Preis verstehen oder als Schutz vor etwas Unerwünschtem aus der Gegenwart oder Vergangenheit wertschätzen. Dann ergibt es Sinn, die gute Absicht von der negativen Strategie zu trennen. Da viele Menschen dazu neigen, sich selbst, vor allem aber ihre unerwünschten Seiten massiv abzuwerten, bewirkt diese Wertschätzung einen großen Unterschied. Regelmäßig bemühte Erickson sich darum, » ... seinem Gegenüber die Kraft und den Reichtum des Geistes, die verstehbare Unschuld der Kindheit und/oder die wunderbare Konstruktion des Köpers zu vermitteln.«[6] Sein Ziel war es, die seelische Elastizität von Menschen zu erhöhen und ihnen ein positives Selbstbild zu vermitteln, da Fortschritte auf diese Weise wahrscheinlicher werden. Wenn Menschen erleben, dass sie selbst mit ihren

5 Ebd., S. 241f.

6 Ebd., S. 212.

ungeliebten Anteilen wertgeschätzt werden, wächst die Wahrscheinlichkeit, dass sie auch mit sich selbst freundlicher umgehen – und damit auch die Wahrscheinlichkeit für Veränderungen.

Zur Utilisation gehört auch, die Sprachbilder und Metaphern zu nutzen, die Menschen verwenden.[7] Eine besondere Form der Utilisation ist das Reframing. Wörtlich bedeutet es, ein Bild in einen neuen Rahmen zu bringen. Reframing bezeichnet die Umdeutung einer Situation, die bisher mit negativen Assoziationen verbunden war. Wird diese Technik erfolgreich eingesetzt, entsteht eine mentale Neuorientierung, oft gefolgt von tiefen Gefühlsregungen.

So können Phobien und auch posttraumatische Reaktionen als gut gemeinter, aber ungenauer Versuch der Seele verstanden werden, den Betreffenden vor der ursprünglichen Situation zu schützen. Wenn man Klienten erklärt, dass die Seele in einer traumatischen Situation sehr intensiv, aber eben auch ungenau und verallgemeinernd gelernt hat, kann man das Unbewusste bitten, genauer zu differenzieren und so den Klienten noch besser zu schützen.

Praktisch alle Symptome lassen sich reframen, wenn deutlich wird, dass sie in der Zeit, in der sie entstanden sind, eine sinnvolle Reaktion waren. Das gilt auch für unerwünschte Körperreaktionen, wie Verspannungen, Magenschmerzen oder anderes. Wenn das Problemerleben mit den dazugehörigen inneren Bildern und Empfindungen rekonstruiert wird, zeigt sich oft, dass die Reaktionen des Körpers eine adäquate Rückmeldung auf diese Bilder sind. Ebenso lässt sich hinter fast jedem Symptom eine gute Absicht erkennen oder konstruieren, die bisher allerdings oft mit einer wenig hilfreichen Strategie umgesetzt wird.

7 Siehe das nächste Kapitel.

Minimale Reframings sind Sätze, die das Gesagte scheinbar wiederholen und spiegeln und es gleichzeitig geringfügig verändern, so dass kein Widerspruch erzeugt wird. Wenn ein Klient sagt: »Es geht mir schlecht«, kann man antworten: »Ich sehe, es geht Ihnen nicht gut.« Das wird in der Regel als Bestätigung verstanden, richtet die Aufmerksamkeit aber auf »gut gehen«, da so die Verneinung kein so großes Gewicht hat. Sagt der Klient: »Es geht mir nicht gut«, kann man antworten: »Das sehe ich, fantastisch ist anders.« Oder: »Ich bin krank.« – »Na, tanzen gehen würde ich mit Ihnen heute nicht.«[8] Durch minimale Reframings wird die Aufmerksamkeit sanft in die gewünschte Richtung verschoben. Sagt jemand: »Das kann ich nicht«, kann man antworten: »Verstehe ich Sie richtig, Sie möchten gerne lernen, wie …«, oder man kann Aussagen in die Vergangenheit rücken: »Bisher konnten Sie nicht …«. Schöne und praktische Beispiele für minimale Reframings und ihre Anwendung bietet das kleine Büchlein von Manfred Prior, *MinMax-Interventionen*.[9]

Wenn sich langanhaltende und schmerzliche Probleme zu lösen beginnen und dies vielleicht noch auf eine leichte und spielerische Weise, führt das bei Klienten oft zu ambivalenten Gefühlen. Es scheint so, als würde das lange Leiden durch die einfache Lösung entwertet. Ein schönes Reframing für die Trauer, die sich in diesem Zusammenhang oft angesichts des rückblickend ungelebten Lebens einstellt, hat Stefan Hammel beschrieben: Wenn Füße oder Hände nach einem langen Aufenthalt in eisiger Kälte an der Heizung auftauen, schmerzen sie erst, bevor die Durchblutung wieder einsetzt und die Erstarrung sich löst.[10]

Andererseits wecken gerade einfache Lösungen bei Klienten oft die Erwartung, es ab sofort immer richtig machen

8 Vgl. Hammel 2014, S. 49.
9 Prior [17]2007.
10 Vgl. Hammel 2014, S. 135 und Hammel 2016, S. 69.

zu müssen. Sie wissen ja jetzt, wie es geht, und setzen sich entsprechend unter Druck. Dieser innere Druck führt jedoch häufig zu neuem Scheitern. Insbesondere mit Blick darauf, dass seelische Heilungsprozesse selten geradlinig verlaufen, sondern eher in Form einer aufwärtsgerichteten Wellenbewegung mit Vor- und Rückschritten, ist es hilfreich, solche Rückschritte nicht als Rückfälle zu werten, sondern als »Ehrenrunden« oder sie mit Erickson als die Schaukelbewegung eines Autos zu reframen, das sich festgefahren hat und durch Vor- und Zurückfahren freikommt.

Zur Vertiefung

- Stefan Hammel, Alles neu gerahmt! Psychische Symptome in ungewöhnlicher Perspektive, München ²2021.
- Manfred Prior, MiniMax-Interventionen. 15 minimale Interventionen mit maximaler Wirkung, Heidelberg ¹⁷2021.

7. Und er redete zu ihnen in Gleichnissen – Die Wirkung von Bildern, Metaphern und Geschichten

Jesus verkündete seine Botschaft
in vielen solchen Gleichnissen,
wie die Menschen sie verstehen konnten.
Ohne Gleichnisse redete er nicht zu ihnen.
Markus 4,33-34a (BasisBibel)

In meiner Funktion als Coach kam ein Kollege zu mir, der nach mehreren schweren depressiven Episoden, in denen er monatelang krankgeschrieben und in Behandlung war, die Frage klären wollte, ob er noch als Pfarrer arbeiten könne oder vorzeitig in Ruhestand gehen müsse. Nachdem er eine Zeitlang einmal pro Monat gekommen war, erzählte er mir, dass jetzt alles schon sehr viel besser sei, auch die Arbeit in seiner Gemeinde klappe inzwischen wieder gut, aber im Hinterkopf habe er immer die Frage, wann der nächste Zusammenbruch käme. Ich schlug ihm vor, hypnotherapeutisch zu arbeiten, und fragte ihn, ob er die Bergdörfer in den Alpen kenne, die von Zeit zu Zeit von Schlammlawinen heimgesucht werden. Ich erzählte ihm, dass die Dorfbewohner schon Erfahrung damit haben, wie sie ihr Dorf wieder sauber bekommen: Zuerst mit schwerem Gerät, dann mit Schaufeln und zum Schluss mit Kärchern, die den Dreck aus den letzten Ritzen holen. Anschließend streichen sie ihre Häuser neu und bepflanzen Balkonkästen und Vorgärten wieder. Als Letztes bauen sie aus den schweren Brocken einen Damm, damit ihr Dorf nie wieder überschwemmt wird, und errichten vielleicht noch ein Denkmal für die schweren Zeiten, die jetzt vorbei sind. Nachdem ich mich eine Weile so mit ihm darüber unterhalten hatte, bat ich ihn, sich zu entspannen, führte ihn in eine leichte Trance und erzählte ihm von dem Dorf, das ich bald nur noch sein Seelen-Dorf nannte, und von »den Dorfbewohnern« und davon, was »Sie« alles machen, um »Ihr« Seelendorf sauber und sicher und wohnlich zu bekommen. Zwei Monate später erzählte er beiläufig, dass die Frage, wann der nächste Zusammenbruch käme, ihn nicht mehr beschäftige, weil er ja wisse, dass er seinen Damm habe, der das Geröll umlenke. Bald darauf war kein weiteres Coaching mehr nötig.[1]

Bilder, Metaphern und Geschichten wirken oft unmittelbar und nachhaltig. Das liegt daran, dass sie die entscheidenden Schichten unserer Seele ansprechen. Unsere Emotionen und auch die Entscheidungen, die wir treffen, haben ihren Ursprung im *Limbischen System*. Dieser Teil des Gehirns, der maßgeblich für unser Erleben, unsere Motivation, Zuversicht und Sicherheit zuständig ist, denkt nicht in abstrakten Begriffen, sondern in Bildern. Das führt dazu, dass Metaphern und Bilder oft zu einem intensiven Erleben führen und auch sehr viel besser im Gedächtnis bleiben. Aus diesem Grund arbeiten auch Mnemotechniken, in denen es darum geht, sich längere Zahlenreihen oder Begriffe zu merken, mit Bildern und Geschichten. Und deshalb hat es einen sofortigen Einfluss auf das eigene Erleben, wenn sich die inneren Bilder ändern.

Dabei lässt sich entweder mit den Metaphern arbeiten, die die Klienten mitbringen und verwenden, oder man kann sie aktiv bitten, ihr Problem metaphorisch zu beschreiben. Wenn jemand sagt, er befinde sich in einer Sackgasse, lässt sich fragen, ob derjenige noch am Hineinfahren oder schon am Hinausfahren ist. Oder man fragt nach der Ausnahmelogik des Bildes: Manche Sackgassen haben einen Fußweg,

1 Vgl. Hammel 2014, S. 151ff und Hammel 2016, S. 68.

der weiterführt. Wenn Menschen sagen, sie fühlten sich wie im Gefängnis, lässt sich über einen Ausbruch, einen Aufstand oder eine Begnadigung nachdenken. Und wenn jemand sagt, er habe in seinem Leben Schiffbruch erlitten, führt die einfache Frage, ob er noch schwimmt oder schon an Land ist, oft einen großen Schritt weiter. Sollte man sich dabei in der Metapher verfangen, so dass kein Ausweg in Sicht ist, hilft die Trickfilm-Logik: Da die Bilder von unserem Gehirn produziert werden, sind wir Regisseur und Kinobesucher in einem. Und unser innerer Regisseur kann die Bilder in unserem Kopf verändern, als handele es sich um einen Trickfilm. So können am Ende Delphine oder, wie in »Herr der Ringe«, riesige Adler kommen, um den Betreffenden zu retten – oder was immer dem Klienten einfällt. Obwohl es sich dabei um eine irreale Lösung handelt, verändert sie das Erleben der Situation. Jedes Mal, wenn der Klient jetzt an seinen Schiffbruch denkt, hat er am Ende die Delfine oder Adler vor Augen.

Wenn Klienten gebeten werden, ihr Problem zu beschreiben, als sei es ein Märchen oder Kinofilm, ergeben sich oft neue Sichtweisen. Die metaphorische Beschreibung hilft, eine innere Distanz zu gewinnen. Da werden Kollegen, die einem die Kraft rauben, zu Dementoren, und zugleich stellt sich die Frage, wie ein Patronus-Zauber aussehen müsste, wenn das Ganze ein Harry-Potter-Film wäre. Diese Art der Beschreibung führt automatisch in leichte Trancezustände und hilft, sich unter einem neuen Blickwinkel kreativ und spielerisch mit einem Problem auseinanderzusetzen, das zuvor als festgefahren (*Achtung Metapher*) erlebt wurde. Gleichzeitig macht eine metaphorische Betrachtungsweise oft Reaktionen erklärbar, die vorher unverständlich waren. Wenn sich jemand in einem Konflikt als Maus und das Gegenüber als Raubtier erlebt, wird verstehbar, warum sein

Körper reagiert, als würde er sich in Lebensgefahr befinden. Auf der Ebene des Unbewussten und des Körpers werden die Bilder wörtlich genommen. Wenn sie dann in Gedanken verändert werden, so dass z.B. die Maus wächst und das Raubtier schrumpft, verändert sich auch das Erleben.

Natürlich sind die Bilder, die aus unserem Unbewussten auftauchen, keine objektive Wahrheit. Kein Mensch ist in Wahrheit eine Maus. Aber solche Bilder beeinflussen unser Erleben bis auf eine körperliche Ebene. Und wie bei allen Phänomenen macht es einen entscheidenden Unterschied, wie wir uns zu ihnen in Beziehung setzen. Es macht einen Unterschied, ob ich das Gefühl habe, ich sitze in einem Loch in der Falle, oder ob ich mir klarmache, dass nicht ich mich in einem Loch befinde, sondern das Loch in mir ist, nämlich als Bild in meinem Kopf. Außen und innen zu vertauschen vertauscht erleiden und gestalten. Im ersten Fall fühle ich mich ausgeliefert, im zweiten kann ich das Bild und damit auch mein Erleben verändern.

Ein Bild sagt mehr als tausend Worte, heißt es. Bilder reduzieren die Komplexität und erhalten sie zugleich. Wenn die Ampel an der Kreuzung auf Rot steht, muss man nicht die komplette Straßenverkehrsordnung im Kopf haben, um zu wissen, was zu tun ist.[2] Deshalb lassen sich aus Metaphern ohne großen Aufwand einfache Interventionen auch für komplexe Themen ableiten. Menschen, die sich wie in einer Schraubzwinge fühlen, kann man bitten, sich eine Spielzeugzwinge zu besorgen und diese mit sich herumzutragen. Allein das hebt die unbewusst ablaufenden Prozesse ins Bewusstsein und erhöht so die Wahlmöglichkeiten für ein anderes Erleben und Verhalten.

Eine ähnliche Wirkung lässt sich beim Erzählen von Geschichten beobachten. In der Regel führt bereits das Er-

2 Vgl. Schmidt, Grundkurs 2019, DVD 10.

zählen einer Geschichte die Zuhörer in eine leichte Trance, weil eigene innere Bilder und Filme abgerufen werden, um die Geschichte zu verstehen. Wenn eine solche Geschichte anschlussfähig an die Geschichte eines Klienten ist, so dass er sich mit ihr identifizieren kann, und sie zugleich zu einem guten Ende führt, weckt das die Erwartung auf einen guten Ausgang auch im Leben des Klienten. Und ist sie eindrücklich genug, wird sie vom Gehirn als vorrangig betrachtet.

Menschen, die Seelsorge in Anspruch nehmen oder eine Beratung suchen, kommen in der Regel, wenn sie sich an einem Tiefpunkt ihres Lebens fühlen oder befürchten, es könnte noch schlimmer werden. Therapeutische Geschichten sollten – ähnlich wie die Geschichte vom Bergdorf – am Erleben des Klienten anknüpfen, so dass sie von seinem Unbewussten als relevant eingestuft werden. Wenn sie dann zu einem guten Ende führen, wecken sie die Erwartung, auch die eigene Geschichte werde einen guten Ausgang nehmen. Dabei reicht es völlig, wenn die Geschichten den Regeln des Genres folgen und in sich logisch bzw. gefühlt plausibel sind. In Märchen wird gezaubert, in Fabeln können Tiere sprechen und in Trickfilmen ist auch scheinbar Unmögliches möglich und logisch. Gute therapeutische Geschichten sind Parallelgeschichten, die ausreichend Raum für Eigeninterpretationen und Transfer in das Leben eines Klienten bieten, ohne belehrend oder moralisierend zu wirken.[3] Sie können gemeinsam mit Klienten oder auch für sie entwickelt werden. Dabei ist der große Vorteil, dass einer Geschichte in der Regel nicht widersprochen wird, wenn sie nah an der Lebenswelt des Klienten ist.

Bei den Geschichten, die Menschen über ihr Leben erzählen, spielt die Interpunktion eine entscheidende Rolle. Es

3 Vgl. Hammel/Vlamynck/Weinspach 2020, S. 124ff. Weitere hilfreiche Geschichten in Kapitel 13.

macht einen Unterschied, wo eine Geschichte beginnt und wo sie endet, obwohl sie weitererzählt werden könnte. Viele Menschen erzählen negative oder traumatische Erfahrungen so, dass die Geschichte am Tiefpunkt endet, auch wenn sie danach positiv weiterging. Ein Vater erzählt mit Schrecken davon, dass er sein neugeborenes Kind fast erstickt hätte, als er nach der Geburt mit ihm auf einer Parkbank saß und über ihm eingeschlafen ist. Nicht erwähnt wird in der Geschichte, dass sein Sohn gesund und inzwischen 20 Jahre alt ist. Dort, wo das Leben in die Erstarrung führte, endet auch die erzählte Geschichte. Und mit jedem Erzählen findet eine kleine Re-Traumatisierung statt. Wenn dann mehrere solcher Geschichten und Erfahrungen aneinandergereiht werden, führt das schnell in ein Gefühl der Lähmung. So macht es einen großen Unterschied, ob Geschichten von Niederlage zu Niederlage erzählt werden, oder von überwundener Niederlage zu überwundener Niederlage bzw. von Erfolg zu Erfolg.[4]

Auch wenn Menschen von dem Tod eines anderen Menschen erzählen, muss das nicht das Ende der Geschichte sein. Nicht nur aus christlicher Sicht ist es hilfreich, nach einer größeren Perspektive zu fragen. Allerdings ist es wichtig, dass das in einer Form geschieht, die keinen Widerspruch provoziert. Stefan Hammel schlägt z.B. bei einer Frau, die ihren Mann durch Suizid verloren hat, folgende Formulierung vor: »Ich weiß nicht, woran Sie glauben. Aber wenn wir uns einmal vorstellen, Ihr Mann wäre jetzt in einer jenseitigen Welt, wo er seine Fehler betrachten und daraus Schlüsse ziehen könnte, und angenommen, in dieser Welt würde er der Weisheit Gottes, aller Engel und aller weisen Menschen begegnen, die jemals gelebt haben … und er hätte alle Zeit der Welt zur Verfügung, um sich davon beeinflus-

4 Vgl. Hammel 2014, S. 98ff.

sen zu lassen, und irgendwann würde er darum bemerken, wie er es machen könnte, dass er gut mit sich selbst und anderen Menschen umgeht ... was würde er dann wohl zu Ihnen sagen?«[5]

Natürlich kann niemand sagen, ob sich Verstorbene in einer himmlischen Welt weiterentwickeln. Aber wenn die Geschichte so weitererzählt wird, wächst die Wahrscheinlichkeit, dass die Frau mit dem Bild ihres Mannes Frieden schließen kann. Und auch in weniger dramatischen Fällen kann die Frage, was die Verstorbenen wohl für ihre Angehörigen wünschen oder ihnen sagen würden, zu tiefen Gefühlen der Dankbarkeit und einer großen Entlastung führen.

Zur Vertiefung

- Stefan Hammel, Der Grashalm in der Wüste. 100 Geschichten aus Beratung, Therapie und Seelsorge, Nierstein ³2011.

Für alle, die tiefer einsteigen möchten

- Stefan Hammel, Handbuch des therapeutischen Erzählens. Geschichten und Metaphern in Psychotherapie, Kinder- und Familientherapie, Heilkunde, Coaching und Supervision, Stuttgart ⁵2020.

5 Hammel 2014, S. 102.

8. Glaube, Hoffnung, Liebe – Was wirkt in Seelsorge und Therapie?

Und wenn ich prophetisch reden könnte
und wüsste alle Geheimnisse und alle Erkenntnis
und hätte allen Glauben, sodass ich Berge versetzen könnte,
und hätte die Liebe nicht, so wäre ich nichts.
Der 1. Brief des Paulus an die Korinther 13,2 (Lutherbibel 2017)

Hypnosystemisches Arbeiten aktiviert körperliche und seelische Selbstheilungskräfte. Das wirft die Frage auf, wieso der Körper sich dann nicht immer von allein heilt, wenn er doch die nötigen Fähigkeiten dazu besitzt. Und es stellt sich die Frage, warum Menschen Probleme nicht einfach lösen, wenn sie doch über alle nötigen Ressourcen verfügen. Meines Erachtens gibt es dafür mehrere Gründe. Zunächst einmal: In den meisten Fällen heilen Körper und Seele sich tatsächlich selbst. Es fällt uns in der Regel nur nicht auf, weil es so selbstverständlich ist. Was auffällt, sind die Situationen, in denen das nicht geschieht.

Bei vielen Problemen oder Symptomen zeigt sich bei genauer Betrachtung, dass sie nicht einfach dysfunktional oder »blöd« sind, sondern sich als Ausdruck von Ambivalenz-Konflikten beschreiben lassen und Teil von Wertkonflikten sind. Oder es lässt sich zeigen, dass Symptome oder ein problematisches Verhalten in früheren Zeiten sehr wohl sinnvoll und manchmal sogar überlebenswichtig waren. Dann ergeben Symptome oder ein bestimmtes Verhalten für Klienten oft zum ersten Mal einen Sinn. Sie können als Lösungsversuche wertgeschätzt werden, auch wenn bisher ein hoher Preis damit verbunden war. Dazu kommt, dass viele hilfreiche Fähigkeiten und Ressourcen wie abgeschnitten sind, solange Menschen sich in einer Problemtrance befinden.

Wenn es gelingt, dass Menschen ihre Symptome oder ein problematisches Verhalten mit Wertschätzung und Liebe betrachten, steigt die Wahrscheinlichkeit für Veränderungen enorm. Fragt man Menschen, wie sie angesichts von Problemen oder Symptomen mit sich oder ihrem Körper reden, wird schnell deutlich, dass dies zumeist in negativer und abwertender Weise geschieht. Viele Menschen gehen nicht sehr liebevoll mit sich und ihren Problemen um. Hinzu kommen die Reaktionen aus der Umwelt, die oft in eine ähnliche Richtung gehen. Wenn eine Therapeutin oder ein Seelsorger dann liebevoll und wertschätzend mit einem Menschen sprechen und ihm helfen, auch liebevoll mit sich selbst zu reden, kann das ungeahnte Kräfte freisetzen.

Es gehört zu den elementaren Grundbedürfnissen eines jeden Menschen, sicher und zugleich mit anderen verbunden zu sein. Im Baby- und Kleinkindalter hängt buchstäblich das eigene Leben davon ab. Auch im Erwachsenenalter ist die Amygdala, ein zentraler Teil unseres Gehirns, ständig mit der Frage beschäftigt, ob wir sicher und verbunden sind. Natürlich sind das Maß an Verbundenheit und das Bedürfnis danach von Mensch zu Mensch unterschiedlich, dennoch sind sie grundlegend. Evolutionsgeschichtlich war es in den allermeisten Fällen ein Todesurteil, aus der Herde verstoßen zu werden. Und es liegt nahe, dass ein großer Teil der Probleme, die Menschen einen Arzt, Therapeuten oder eine Seelsorgerin aufsuchen lassen, hier ihren Ursprung haben.

Sicherheit und Verbundenheit sind jedoch in vielen Beziehungen nicht ohne Weiteres gegeben. Es gibt keine absolute Sicherheit in Beziehungen. Es kann nur eine relative Sicherheit geben, die dadurch entsteht, wie gut Menschen mit dem Bedürfnis nach Sicherheit, Verbundenheit, Schutz und Handlungsfähigkeit umgehen. Dysfunktionale Muster entstehen in diesem Bereich oft bereits in der Kindheit. Auf die Angst von Kindern reagieren Erwachsene nicht immer liebevoll und fürsorglich. Oft bekommen Kinder zu hören, es gäbe keinen Grund, Angst zu haben, und sie sollten sich nicht so anstellen. Viele Kinder erleben, dass ihre Angst nicht in Ordnung ist und sie erst wieder willkommen sind, wenn sie fröhlich oder brav sind. Auch viele Erwachsene gehen so mit ihren eigenen und fremden ängstlichen und ungeliebten Seiten um, auch wenn das die Angst oder Probleme oft noch vergrößert. Wirklich helfen würde, dass man Angst haben darf und sich zugleich gehalten weiß. Im Idealfall vermitteln Eltern ihren Kindern in diesen Situationen, dass sie nicht funktionieren müssen, sondern liebevoll angenommen sind, so wie es ihnen gerade geht. Im besten Fall erleben Menschen das auch in der Seelsorge. Dann steigt die Wahrscheinlichkeit, dass sie in der Lage sind, zu sich selbst eine andere Beziehung aufzubauen. Wenn es ihnen gelingt, sich auch mit ihren ängstlichen und ungeliebten Seiten liebevoll anzunehmen, wächst die innere Sicherheit, die es ihnen ermöglicht, mit äußeren Unsicherheiten gelassen umzugehen.[1]

Vertrauen, Wertschätzung und Hoffnung sind die entscheidenden Faktoren in jedem Seelsorge- und Therapiegespräch. Untersuchungen haben gezeigt, dass der Glaube des Therapeuten oder der Therapeutin an den Erfolg einer Therapie dabei noch wichtiger ist als der Glaube des Klienten selbst. Wenn ein Therapeut verbal und nonverbal vermitteln kann, dass Hoffnung besteht, wird der Klient damit angesteckt. »Die Therapie stellt eine Brücke dar, die es dem Klienten erlaubt, von einem Punkt des Leidens zu einer Position zu gelangen, in der er wahrnimmt, was getan werden kann. Das ist die Art von Suggestion, die Verzweiflung in Hoffnung verwandeln kann.«[2] Ähnliches gilt für Humor in Therapie-

1 Schmidt Aufbaukurs 2019, DVD 3.
2 Short/Weinspach 2010, S. 205.

und Seelsorgegesprächen. Wenn es gelingt, das schwere Erleben eines Klienten zu würdigen und trotzdem mit ihm zu lachen, impliziert dies, dass er kein hoffnungsloser Fall ist. Wertschätzung bedeutet dabei im hypnosystemischen Kontext, Menschen in ihrer Weltsicht ernst und anzunehmen. Das heißt nicht, dass man selbst diese Weltsicht teilen muss, oder dass man nicht Einladungen in ein hilfreicheres Weltbild machen könnte.

Viel zu oft werden die in jedem Menschen angelegten Selbstheilungskräfte unterschätzt. Wie stark die richtigen Worte oder Suggestionen auf den Körper wirken können, belegt auch die inzwischen gut erforschte Wirkung von Placebos. Ein Placebo kann jede Form von medizinischer Behandlung sein, bei der keine aktiven Substanzen verabreicht werden. Es gibt dabei nicht nur Placebo-Medikamente, sondern auch Placebo-Chirurgie, bei der Patienten lediglich glauben, sie würden operiert. Untersuchungen zeigen, dass Placebo-Chirurgie z.B. bei Darmgeschwüren häufig effektiver ist als eine reale chirurgische Behandlung.[3]

Bei der Entwicklung neuer Medikamente werden randomisierte, Placebo-kontrollierte Doppelblindstudien durchgeführt, d.h.: Weder die behandelnden Ärzte noch das klinische Personal oder die Patienten wissen, wer den Wirkstoff erhält und wer ein Placebo. Dabei zeigt sich, dass bei Krankheiten wie Multiple Sklerose, Gelenkschmerzen, Migräne oder auch Depression der Placebo-Effekt so stark ist, dass sich kaum ein Unterschied durch den Wirkstoff nachweisen lässt. Im Umkehrschluss bedeutet dies, dass Worte und Rituale wirksamer sein können als viele chemische Wirkstoffe.[4] So kann ein Arzt die Wirksamkeit eines Medikaments dadurch erhöhen, dass er die ehrliche Erwartung ausdrückt, dass es für

3 Ebd., S. 166.

4 Vgl. Sapin/Goblot 2014.

den Patienten besonders gut wirken wird. Und er kann sie zunichtemachen, wenn er sich unachtsam oder gar skeptisch äußert. Dasselbe passiert leider oft auch durch die unachtsame Lektüre eines Beipackzettels und der aufgeführten Nebenwirkungen, wenn man sich nicht davor schützt und sich sagt: »Bei mir ist das anders.«

Unser Körper besitzt eine einzigartige Chemiefabrik.[5] Er kann Schmerzen reduzieren, den Blutdruck regulieren, Heilungsprozesse in Gang setzen und beschleunigen, das Immunsystem aktivieren, die Körpertemperatur regeln, den Umgang mit Allergenen verändern und vieles mehr, wenn wir in geeigneter Weise mit ihm sprechen. Stefan Hammel berichtet von der Technik einer alten Heilerin, die Warzen bespricht. Sie benetzt einen Finger mit Speichel, bestreicht die Warze kreisförmig und sagt dazu: »Was ich bestreiche, weiche.« Dann wird der Vorgang mit zwei weiteren Fingern wiederholt. Damit wird dem Körper signalisiert, um welches Problem er sich mit Vorrang kümmern soll, und die Warzen verschwinden.[6] Nach demselben Prinzip funktioniert das Durchstreichen von Mückenstichen mit einem Kugelschreiber. Unser Körper setzt in den meisten Fällen zuverlässig um, worum wir ihn bitten. Das funktioniert leider auch, wenn wir ihn beschimpfen; dies hat dann in der Regel aber eben auch negative Auswirkungen.

Ganz ähnlich verhält es sich mit unserer Seele. Unser Gehirn hat die Fähigkeit, Erfahrungen und Erinnerungen einzublenden, auszublenden und neu zu arrangieren, andere Bewertungen vorzunehmen und so ein anderes Erleben zu ermöglichen. Das erklärt die heilende Wirkung von Geschichten und Ritualen. Gesteigert wird diese Wirkung noch,

5 Ebd.
6 Hammel 2009, S. 64f.

wenn die Menschen, von denen diese Vorschläge kommen, im eigenen Wertesystem eine hohe Autorität besitzen. Das gibt im Zweifelsfall den Worten von Ärzten und Seelsorgern mehr Gewicht und hat sicher auch bei dem historischen Jesus eine große Rolle gespielt.

Die Arbeit mit hypnosystemischen Konzepten zeigt, dass viel mehr möglich ist, als wir im Normalfall glauben. Glaube kann Berge versetzen. Trotzdem ist in vielen Fällen eine hundertprozentige Heilung oder vollständige Lösung nicht möglich und wegen ihrer Einseitigkeit oft auch nicht wünschenswert. Doch eine Verbesserung zum Guten kann den entscheidenden Unterschied zwischen Verzweiflung und Hoffnung machen. Und eine Haltung, die Liebe und Hoffnung vermittelt, hilft nicht nur den Ratsuchenden, neue Perspektiven zu gewinnen, sondern wirkt auch positiv auf den Seelsorger und die Seelsorgerin zurück.

Zur Vertiefung

- Sabine Goette (Redaktion), Die Heilkraft des inneren Arztes. Dokumentarfilm mit Beiträgen von G. Hüther, S. Lazar, B. Hölzel, C. Diegelmann, G. Nagel u.a. DVD, Müllheim/Baden 2014.
- Emanuel Sapin/Pascal Goblot (Regie), L'Effet Placebo – Der Placebo-Effekt. Dokumentarfilm, Arte 2014.
- Eckart von Hirschhausen, Wunderheiler. Wie sich das Unerklärliche erklärt. Liveaufnahme aus dem Circus Krone in München, Frankfurt/Main 2014.

9. Zu Risiken und Nebenwirkungen – Ethische Grundhaltungen in der hypnosystemischen Seelsorge

Kann etwa ein Blinder einen Blinden führen?
Werden sie nicht beide in die Grube fallen?
Lukas 6,39 (BasisBibel)

Hypnosystemische Techniken sind hochwirksame Methoden, um das Erleben und Verhalten von Menschen positiv zu verändern. Viele von ihnen sind strategisch-suggestiv. Leider ist der Einsatz von Suggestionen noch immer einem generellen Manipulationsverdacht ausgesetzt. Es ist jedoch kaum eine Kommunikation vorstellbar, die frei von Suggestionen wäre. In Abwandlung des bekannten Zitats von Paul Watzlawick »Man kann nicht *nicht* kommunizieren«[1] lässt sich sagen: Man kann nicht *nicht* suggestiv sein.[2] Die entscheidende Frage ist, ob man sich dessen bewusst ist und in welche Richtung und zu wessen Vorteil man Menschen beeinflussen will. In der hypnosystemischen Arbeit werden Suggestionen nicht verwendet, um Kontrolle über Menschen zu gewinnen, sondern um ihr Leiden zu lindern, ihre Ressourcen freizusetzen und ihnen zu erlauben, sie zu benutzen.

Menschliche Kommunikation ist voll von Suggestionen sowohl in positiver, wie in negativer Weise. Wenn Eltern wiederholt zu ihrem Kind sagen: »Aus dir wird nie etwas!«, ist das eine starke Suggestion. Grundsätzlich lässt sich sagen: Jede Suggestion, die andere dir anbieten, wird zu deiner Identität, wenn du kein Veto dagegen einlegst. Menschen

1 Watzlawick/Beavin/Jackson [7]1985, S. 50.
2 Vgl. Hammel 2014, S. 28.

sind dem verbalen Einfluss anderer in einem weitaus größeren Maße ausgeliefert, als es uns gewöhnlich bewusst ist. Das gilt natürlich ebenso für positive Suggestionen: Es ist in der Regel sehr erfolgreich, wenn eine Mutter zu ihrem Kind sagt: »Ich puste dreimal, dann hört der Schmerz auf.« Gerade Kinder sind empfänglich für direkte Suggestionen. Deshalb ist es wichtig, positiv zu formulieren und z.B. zu sagen: »Halt dich gut fest!« statt »Fall nicht vom Baum!«[3]. Da die Begriffe »Baum« und »fallen« mit Bildern und Gefühlen verbunden sind, der Begriff »nicht« dagegen sehr viel blasser bleibt, wird »nicht« vom Unbewussten gern überhört. Die Aufmerksamkeit richtet sich auf »fallen«. Derselbe Effekt ergibt sich, wenn gesagt wird: »Denken Sie nicht an einen rosa Elefanten!« Deshalb sind auch die guten Vorsätze, »nicht mehr zu rauchen« oder »weniger zu essen«, so wenig hilfreich. Die Aufmerksamkeit und damit die Energie gehen in Richtung »rauchen« und »essen«.

Milton Erickson bezeichnete Suggestionen als Mitteilung von Ideen.[4] Dabei ist wichtig, dass der Empfänger ein klares Verständnis von der Idee hat, die vermittelt werden soll. In einer Forschungsstudie über Schmerz-Resilienz reichte die Aufforderung des Versuchsleiters: »Tun Sie alles, was Sie können, um den Schmerz zu reduzieren«[5], damit die Probanden größere Mengen von schmerzhaften Reizen klaglos ertrugen.

Erickson war es in seinen Therapien oft ein Anliegen, das Unbewusste kunstvoll am bewussten Denken vorbei direkt anzusprechen. Im Unbewussten sah er den Hort aller wunderbaren Fähigkeiten und im Bewusstsein eher ein rigides Kontrollinstrument, das Menschen an der vollen Nutzung

3 Vgl. Biddulph 1998, S. 18.
4 Short/Weinspach 2010, S. 171.
5 Ebd., S. 174.

ihrer Ressourcen hindert. Dies erklärt sich auch aus seiner Lebensgeschichte. In seiner Nachfolge wurde diese Einstellung von vielen Hypnotherapeuten übernommen. Für eine hypnosystemische Seelsorge scheint mir ein solche Haltung jedoch weder sinnvoll, noch hilfreich. Mit Gunther Schmidt bin ich der Meinung, dass Klienten ein Recht auf »Produktinformationen« haben, dass man ihnen also erklärt, was man tut, und dass eine größtmögliche Transparenz anzustreben ist. Auch meine eigenen Erfahrungen zeigen, dass das Offenlegen des eigenen Vorgehens und die Erklärung von Interventionen ihre Wirkung nicht schwächen, sondern oft noch verstärken, weil bereits die Erklärung die Aufmerksamkeit in die gewünschte Richtung lenkt. Auch unter systemischen Gesichtspunkten ist eine bestmögliche Kooperation von bewussten und unbewussten Prozessen anzustreben, was besser gelingt, wenn beide Teile wertgeschätzt werden. Zudem erleben Klienten auf diese Weise, dass sie selbst zu ihrer Veränderung beitragen, was den Erfolg wesentlich stabilisieren kann.

Trotz aller positiver Wirkungen lassen sich die hier vorgestellten Konzepte ebenso manipulativ verwenden. Sie werden von der Werbeindustrie, von Verkäufern und politischen Akteuren genutzt. In Kulten, Sekten, Geheimdiensten und leider auch in manchen christlichen Gemeinden werden diese und ähnliche Techniken eingesetzt, um Menschen zu beeinflussen und abhängig zu machen. Allerdings erhöht das Wissen um diese Methoden die Widerstandskraft. Je stärker das Wissen um die Macht der Worte und Bilder verbreitet ist, desto größer wird die Wahrscheinlichkeit, dass Manipulationsversuche durchschaut werden können. In einigen Kirchen und christlichen Gruppen sind die Vorbehalte gegen die Beschäftigung mit Hypnose und hypnosystemischen Konzepten jedoch nach wie vor groß, da sie als ähnlich zersetzend und entmythologisierend empfunden werden wie die historisch-kritische Bibelauslegung.

Auch Show-Hypnose lässt sich aus gutem Grund kritisieren, steht doch bei ihr in der Regel die Unterhaltung des Publikums im Fokus und nicht das Wohlergehen der Probanden. Trotzdem veranschaulichen die dort gezeigten Techniken die Kraft der Aufmerksamkeitsfokussierung auf eindrückliche Weise.

Gerade weil hypnosystemische Kommunikation von strategischen Suggestionen geprägt ist, ist besonders darauf zu achten, dass in der hypnosystemischen Seelsorge nur geschieht, was im Sinne der Klienten ist. Stärker noch als in jedem anderen Beratungsprozess ist eine Auftragsklärung wichtig, die sicherstellt, dass im Sinne des Klienten oder der Klientin gearbeitet wird. Das schließt nicht aus, auch weitergehende Aufträge einzuwerben, wenn die Ziele eines Klienten nicht wirklich hilfreich oder auch zu eng gesteckt sind.

III. PRAXIS

10. Was willst du, dass ich dir tun soll? – Von Aufträgen und Zielen

Jesus fragte ihn: »Was willst du? Was soll ich für dich tun?« Der Blinde sagte zu ihm: »Rabbuni, dass ich sehen kann!« Und Jesus sagte zu ihm: »Geh nur, dein Glaube hat dich gerettet.«

Markus 10,51-52a (BasisBibel)

Im Bereich professioneller Beratung sind Auftragsklärungen Standard. Im seelsorgerlichen Kontext sind sie weniger verbreitet. Das liegt daran, dass in Seelsorgegesprächen in der Regel nicht in erster Linie an Zielen gearbeitet wird. Trotzdem ist es auch in Seelsorgegesprächen sinnvoll, am Anfang zu fragen, was sich Klienten von einem Gespräch wünschen. Auch von einem Gespräch mit einem Seelsorger erhoffen sich Menschen etwas, sonst würden sie es nicht suchen. Diese Erwartung am Beginn des Gespräches zu erfragen hilft, leichter zu dem gewünschten Ergebnis zu kommen. Und auch in Seelsorgegesprächen gibt es Überweisungskontexte, die zu beachten wichtig sein können, weil die Initiative zu den Gesprächen nicht immer von den Beteiligten ausgeht, sondern z.B. von Angehörigen oder dem Krankenhauspersonal.

Bei der Arbeit mit hypnosystemischen Konzepten ist eine Auftragsklärung unerlässlich. Entscheidend für den Erfolg einer Beratung, Therapie oder auch eines Seelsorgegespräches ist der Aufbau des Beratungssystems, also einer vertrauensvollen Beziehung zwischen Seelsorgerin und Klient. Dieses wird unterschieden vom sogenannten Heimatsystem, also der Familie, dem Arbeitsplatz oder den Alltagsbezügen.[1] Menschen kommen in eine Beratung, um in ihrem Heimatsystem etwas zu ändern. Darauf jedoch kann der Therapeut oder die Seelsorgerin keinen direkten Einfluss nehmen. Sie können nur das Beratungssystem optimieren und versuchen, es so zweckdienlich wie möglich für das Heimatsystem des Klienten zu gestalten.

Wichtig für eine sinnvolle Auftragsklärung ist dabei die Frage, von wem die Initiative für das Gespräch ausgegangen ist und wie es von den relevanten Beteiligten bewertet wird.[2] Gunther Schmidt unterscheidet in Erweiterung des Ansatzes von Steve de Shazer zwischen »Kunden«, »Sich-Beklagenden«, »Besuchern« und »Ko-Beratern«.[3] Für alle Gruppen gilt, dass mit ihnen dann am besten gearbeitet werden kann, wenn ihre eigene Sicht durchgängig gewürdigt und zugleich nach den Auswirkungen ihres Verhaltens gefragt wird.

Im Idealfall kommen Menschen in eine Beratung, weil sie ein Problem haben, für das sie sich selbst verantwortlich fühlen und das sie selbst lösen möchten. Solche Aufträge vom Typ »Kunde« sind jedoch eher selten.

Häufiger beklagen sich Menschen. Sie kommen, weil sie ein Problem mit anderen Personen haben, bei dem sie sich selbst als Opfer erleben. Auf die Frage, was sich ändern müsste, damit das Problem gelöst sei, kommt als Antwort: »Die andere Person«. Diese ist jedoch in der Regel weder anwesend noch motiviert, etwas zu ändern. Dennoch kann eine Beratung in einer solchen Situation sinnvoll sein. Auch wenn der Klient die entsprechende Person nicht ändern kann, kann zumindest der eigene Umgang mit ihr optimiert werden, was bereits einen entscheidenden Unterschied machen kann. »Sich-Beklagende« erleben sich als hilflose Opfer,

1 Vgl. Schmidt 2008 und Schmidt [4]2011, S. 100ff.

2 Ebd.

3 Schmidt [4]2011, S. 102ff.

entweder anderen Personen gegenüber oder ihren inneren unwillkürlichen Prozessen wie Zwängen, Phobien oder auch Schmerzen. Gerade Menschen, die sich als Opfer ihrer inneren Prozesse erleben, kommen oft mit dem Wunsch in die Beratung, dass etwas weggemacht werden soll. Gunter Schmidt nennt das »Killeraufträge« und weigert sich, sie anzunehmen, da das Ausmerzen-Wollen die Zwänge oder Ängste regelmäßig verstärkt.

Wenn Menschen in eine Beratung kommen, weil sie von anderen geschickt wurden, verhalten sie sich zumeist wie »Besucher«. In ihrem Erleben haben sie keine eigenen Probleme. Stattdessen erleben sie, dass ihnen Probleme gemacht werden. Ein Verhalten, das sie selbst unproblematisch finden – wie beispielsweise ihren Alkoholkonsum –, wird von anderen als Problem definiert. Auch mit solchen Aufträgen kann erfolgreich gearbeitet werden, wenn das eigene Erleben dieser Menschen konsequent gewürdigt wird. Für sie selbst wäre es stimmig, die Beratung schnellstmöglich zu beenden. Wenn aber nach den Auswirkungen einer solchen Entscheidung zu Hause oder auf der Arbeit gefragt wird, zeigt sich oft, dass die Gefahr besteht, dass sie ihren Job verlieren oder eine wichtige Beziehung in die Brüche geht, wenn sie sich nicht ändern. So werden aus »Besuchern« schnell Menschen, die sich beklagen.

Manchmal kommen auch Menschen, die sich als Experten für den Umgang mit den von ihnen so definierten »Problem-Machern« verstehen. Wenn diese »Ko-Berater« nach den Auswirkungen ihrer Lösungsversuche gefragt werden, stellt sich zumeist heraus, dass diese nicht erfolgreich waren.

Normalerweise kommen Menschen in Beratung, weil sie etwas »weg«-haben wollen. Die Probleme, Schmerzen oder Ängste sollen aufhören. So verständlich und nachvollziehbar das ist, liefert es doch noch keine hilfreiche Beschreibung eines Ziels. Es ist, als würde man am Fahrkartenschalter eines Bahnhofs auf die Frage, wohin man möchte, antworten, dass man von hier wegwill. Die Frage, wohin die Reise gehen soll, ist ein wesentlicher Teil der Auftragsklärung. Da es in der Arbeit darum geht, ein gewünschtes Erleben zu aktivieren, ist es entscheidend zu wissen, wie das Ziel aussieht, und das so sinnlich und konkret wie möglich. Trotzdem antworten die meisten Menschen auf die Frage, was denn das Ziel sein soll: »Mein Problem ist ...« In der Regel können sie gut erklären, was sie nicht mehr wollen. Zu beschreiben, was stattdessen sein soll, ist bereits ein wesentlicher Schritt zu einer Lösung.

Damit unser Gehirn in der Lage ist, eine hilfreiche Form von Aufmerksamkeitsfokussierung vorzunehmen, muss das gewünschte Ziel möglichst konkret erfahrbar sein. Dabei ist es wichtig, drei Kriterien zu beachten:

1. Ziele sollten konkret beschrieben werden im Sinne von »Was ist da?« und nicht »Was ist weg?«, »Was fängt an?« und nicht »Was hört auf?« Es muss deutlich werden, an welchen Kriterien sich das Erreichen des Ziels oder von Zwischenschritten ablesen lässt. »Woran merke ich es?« »Wer merkt es am ehesten?« »Wen beeinflusst es am stärksten?« »Wie fühlt es sich an?« Nur wenn unser Gehirn in der Lage ist, Informationen als Bilder oder Filme zu imaginieren, kann dieses Erleben auch physiologisch umgesetzt werden.

2. Ziele sollten im eigenen Einflussbereich liegen, ansonsten wird schnell ein Erleben von Inkompetenz aufgebaut. Oft arbeiten sich Menschen an Problemen ab, die nicht in ihrem Gestaltungsbereich liegen, wenn sie z.B. versuchen, andere Menschen zu ändern. Dieser Wunsch ist unbedingt zu würdigen und gleichzeitig ist deutlich zu machen, dass es sich dabei um etwas handelt, das sie nicht direkt ändern können. Dann wird der Weg frei, nach einer zweitbesten Lösung zu suchen, die im eigenen Einflussbereich liegt: Wie optimiere

ich meinen Umgang mit diesem schwierigen Menschen, so dass es mir dabei besser oder sogar gut geht.

Viele Probleme oder Konflikte werden dadurch chronisch, dass Probleme wie Tatsachen und Tatsachen wie Probleme behandelt werden. Wenn z.B. ein Mensch im Sterben liegt, behandeln Angehörigen und auch Ärzte diese Tatsache oft wie ein Problem, das zu therapieren ist. Gleichzeitig können die Probleme, die das Sterben mit sich bringt, nicht bearbeitet werden. Wie nehme ich Abschied? Wie soll es ohne den geliebten Menschen weitergehen? Dass Tatsachen und Probleme so oft verwechselt werden, liegt natürlich auch daran, dass nicht immer eindeutig zu bestimmen ist, was ein Problem und was eine Tatsache ist. Möglicherweise wäre dem Sterbenden ja doch noch zu helfen gewesen.

Da wir andere Menschen nicht dazu zwingen können, ihr Verhalten zu ändern, ist es sinnvoll, ihr Verhalten als Tatsache zu betrachten. Gunter Schmidt spricht in diesem Zusammenhang von Restriktionen. Eine Restriktion ist alles, was nicht direkt im eigenen Einflussbereich liegt, sei es das Verhalten des Partners, die Spielregeln in einer Firma, körperliche Symptome oder auch ein unwillkürliches Erleben z.B. bei einer psychischen Erkrankung. Ein Ziel, an dem sich sinnvoll arbeiten lässt, ist in diesem Fall immer nur, den eigenen Umgang mit dem Phänomen oder Problem zu verbessern und so zu einer zweitbesten Lösung zu kommen. Auch wenn die ursprünglichen Ziele nicht zu erreichen sind, können sie doch als Sehnsuchtsziele gewürdigt werden. Die Veränderung der eigenen Sichtweise und des eigenen Verhaltens erhöht zudem die Wahrscheinlichkeit, dass sich auch das Gegenüber anders verhält.

Anders als in der systemischen Therapie lassen sich aus hypnosystemischer Sicht Ziele nicht nur dann bearbeiten, wenn sie zu 100% im Einflussbereich des Klienten liegen, sondern auch dann, wenn die begründete Annahme besteht, sie könnten im Einflussbereich des Unbewussten, Unwillkürlichen oder des Körpers des Klienten liegen. Man kann den Körper bitten, Krebszellen zu bekämpfen und mit Allergenen anders umzugehen, oder das Unbewusste bitten, einem anderen Erleben den Vorrang zu geben. Auch hier gibt es keine Garantie für einen Erfolg, aber die Wahrscheinlichkeit für hilfreiche Veränderungen steigt.

Auf einer Jugendfahrt wurde ich zu einer Jugendlichen gerufen, die nach einem Streit mit unkontrolliert zitternden Beinen auf ihrem Bett lag. Ich vergewisserte mich, dass sie voll orientiert und ansprechbar war, und schickte alle anderen bis auf meine Vikarin aus dem Zimmer. Die Jugendliche erzählte auf Nachfragen, dass ihr Ähnliches schon ein paar Mal passiert sei und das Zittern nach einiger Zeit immer von allein aufhöre. Trotzdem war zu sehen, dass es sich um eine beängstigende Erfahrung handelte, die nicht ihrer Kontrolle unterlag. Ich fragte sie, wann ihr Körper denn damit aufhören solle, und sie sagte: »Am liebsten sofort«. Ich schlug ihr vor, etwas geduldiger zu sein und ihrem Körper 10 Sekunden Zeit zu geben. Sie war skeptisch, ob es wirklich so schnell gehen könne, war aber damit einverstanden. Ich zählte die Sekunden herunter, die Beine hörten auf zu zittern, und ich bat sie, aufzustehen, mit mir ein bisschen umherzugehen, und unterhielt mich dabei mit ihr, um sie abzulenken. Das Zittern verschwand und tauchte auch während der Fahrt nicht mehr auf.

3. Ziele müssen stimmig und attraktiv sein und von den Klienten als sinnvoll erlebt werden. Das ist nicht automatisch der Fall. Oft kommen Klienten mit einseitigen Veränderungswünschen, in denen die Zielbeschreibung ein Teil des Problems ist. Wenn perfektionistische Ziele gewählt werden, ist ein Scheitern vorprogrammiert. In der Regel gibt es in jedem Klienten mindestens zwei Seiten oder Stimmen: eine, die das Ziel um jeden Preis erreichen will, und eine, die an-

dere Werte vertritt und so eine Lösung verhindert. Deshalb ist es wichtig, auch bei Zielen nach den Auswirkungen zu fragen. Oft zeigt sich, dass ein Erreichen eines perfektionistischen Ziels hohe Folgekosten hätte. So gesehen ist das bisherige Scheitern am selbstgesteckten Ziel keine Inkompetenz, sondern eine Kompetenz für andere Ziele und Werte. Darum sollte sich der Berater nicht einseitig zum Agenten der Veränderung machen, sondern gemeinsam mit dem Klienten Ziele entwickeln, die für die gesamte Person stimmig und attraktiv sind. Vorrangiges Ziel hypnosystemischer Arbeit ist dabei die Erhöhung von Wahlmöglichkeiten, was auch bedeutet, dass der Klient seine neuen Kompetenzen nutzen kann, aber nicht muss.

Diese Zielkriterien leuchten nicht von vornherein allen Klienten ein und sind oft auch nicht ohne Weiteres umzusetzen. Das liegt daran, dass viele Menschen im Alltag anders mit Problemen umgehen: Sie versuchen, Dinge oder Menschen zu ändern, die sie nicht ändern können; sie wollen etwas weghaben oder sind einseitig parteiisch für Veränderungen, ohne die guten Seiten des Status quo zu sehen. Das alles führt zu Lösungsversuchen, die das Problem stabilisieren oder verschärfen. In der Regel haben Menschen, die einen Therapeuten, Coach oder Seelsorger aufsuchen, bereits reichlich Erfahrung mit Lösungsversuchen, die nicht funktionieren. Viele Probleme existieren überhaupt nur als Ergebnis solcher Lösungsstrategien. Trotzdem oder gerade deshalb erwarten die Klienten dann in einer Beratung oder auch vom Seelsorger mehr desselben. Deshalb ist es wichtig, für andere Lösungswege ebenso wie für die obengenannten Zielkriterien zu werben. Normalerweise erhöht sich die Bereitschaft, sich auf ein anderes Vorgehen einzulassen, wenn verständnisvoll und wertschätzend nach den bisherigen Lösungsversuchen und ihren Auswirkungen gefragt wird.

Zur Vertiefung

- Gunther Schmidt, Grundkurs Hypnosystemische Konzepte. Originalvortrag, Müllheim/Baden 2019.
- Klaus Mücke, Probleme sind Lösungen. Systemische Beratung und Psychotherapie – ein pragmatischer Ansatz. Lehr- und Lern- buch, Berlin 52019.

11. Und dann geschieht ein Wunder – Von der Kunst, die richtigen Fragen zu stellen

»Rabbi«, fragten die Jünger, »wie kommt es, dass dieser Mann blind geboren wurde?
Wer hat gesündigt – er selbst oder seine Eltern?« –
»Es ist weder seine Schuld noch die seiner Eltern«, erwiderte Jesus.
»An ihm soll sichtbar werden, was Gott zu tun vermag.«
Johannes 9,2-3 (Neue Genfer Übersetzung)

Fragen sind nie einfach nur Fragen. Besonders in einem seelsorgerlichen oder therapeutischen Beratungskontext sind Fragen zugleich Interventionen. Sie lenken die Aufmerksamkeit und das Gespräch. Es gibt keine Möglichkeit, in einem neutralen Raum Informationen zu erheben, bevor die eigentliche Beratung beginnt. Auch scheinbar einfache Fragen sollte man sorgfältig formulieren, um hilfreich zu sein und Lösungen zu bahnen. Wenn wir nach Problemen fragen, wird das Problemerleben reaktiviert, selbst wenn die Absicht nur darin besteht, das Problem zu verstehen. Im schlimmsten Fall können Fragen nach einem traumatischen Erlebnis zu einer Re-Traumatisierung führen. Das ist so, weil unser Gehirn keine Fragen beantworten kann, ohne die entsprechenden Bilder und Erlebnisnetzwerke abzurufen. Fragen wir jedoch nach möglichen Lösungen, wird ein Lösungserleben aktiviert und im günstigsten Fall die Aufmerksamkeit für eine gewünschte Zukunft gebahnt.

Aus diesem Grund sollte am Anfang eines Beratungsgespräches nicht die Frage stehen: »Was ist Ihr Problem?«, sondern: »Wenn Sie hierherkommen, was ist dann Ihr Wunsch für unsere Zusammenarbeit?« »Was wäre das gewünschte Ergebnis und woran würden Sie das erkennen?« Trotzdem antworten die meisten Menschen auf diese Fragen mit einer Schilderung ihres Problems. Deshalb schlägt Gunther Schmidt vor, von Anfang an die Fragen mit Erklärungen darüber zu verbinden, warum so gefragt wird.[1] Es schadet auch nicht, die Erwartungen hochzustecken: »Angenommen, wir würden das Bestmögliche hier erreichen – oder vielleicht sogar noch mehr – was wäre das?«[2] Die Frage nach dem Noch-Mehr trägt dem Umstand Rechnung, dass Menschen, die mit ihrem Problemerleben assoziiert sind, in ihrer Vorstellung stark eingeschränkt sind, was positiv möglich oder wünschenswert sein könnte. Sie zensieren sich gewissermaßen selbst.

In der systemischen Therapie und Beratung wurden ganze Kataloge von systemischen Fragen entwickelt.[3] Gute Fragen sind lösungsorientiert und geben Hoffnung, vermitteln Kraft und stärken die Verbindung zu anderen wichtigen Personen. Sie lassen sich nicht nur mit Blick auf die erwünschte Zukunft stellen, sondern auch mit Blick auf die Vergangenheit. Wenn Menschen z.B. über eine schwierige Kindheit berichten, lässt sich fragen: »Was hat Ihnen die Kraft gegeben, das durchzustehen?« »Was haben Sie getan, was für Sie hilfreich war und worauf Sie jetzt stolz sein können?« Oder: »In welcher Weise haben Ihre Mutter, Ihr Vater oder jemand anderer Sie dabei unterstützt?« Man kann auch fragen, ob Menschen schon einmal anderen geholfen haben, die in einer ähnlichen Situation waren. All das stärkt das Erleben der eigenen Kraft und Handlungsfähigkeit. Gleichzeitig werden auf diese Weise oft zum ersten Mal die positiven Aspekte an einem schwierigen Umfeld gewürdigt.

Fragen setzen innere Such- und Finde-Prozesse in Gang. Die einfachste Art, hilfreiche Fragen zu stellen, ist zu fragen,

1 Vgl Schmidt, Grundkurs 2019, DVD 8.
2 Hammel, Seminargespräch 2019.
3 Vgl. z.B. Schlippe/Schweitzer, S. 137ff.

was eine hilfreiche Frage wäre. »Ich bin hier, um Ihnen gute und hilfreiche Fragen zu stellen. Damit ich wirklich hilfreich für Sie sein kann, welche Frage müsste ich Ihnen stellen?« Der Suchprozess beim Klienten beginnt und er gibt möglicherweise als Antwort: »Sie müssten mich fragen, warum ich immer so blöde Entscheidungen treffe.« Dann hilft es oft schon, die Frage wörtlich zu wiederholen: »Warum treffen Sie immer so blöde Entscheidungen? Was antworten Sie darauf?«[4] Das lässt sich beliebig oft wiederholen. Manchmal reicht es auch bereits, einen Klienten zu fragen, ob er etwas Hilfreiches tun kann, das er bisher noch nicht getan hat. Bei Klienten, die lang und ausführlich über ihre Probleme sprechen, kann es helfen zu sagen: »Helfen Sie mir mal, für Sie hilfreich zu sein.« In der Regel erzeugt das eine nachdenkliche Stille, in der man beginnen kann, Fragen in eine andere Richtung zu stellen.

Viele Fragen in der hypnosystemischen Arbeit sind hypothetischer Natur. Sie werden im Konjunktiv formuliert, weil sie so den Klienten zu nichts zwingen und zugleich starke Einladungen und Interventionen sind. Für die Bilder, die im Kopf entstehen, macht es keinen Unterschied, ob man sagt: »Tun Sie dies!« Oder: »Angenommen, ich würde Ihnen vorschlagen, dies zu tun, was würden Sie davon halten?« Das lässt dem Angesprochenen alle Freiheit, und trotzdem ist der Vorschlag im Raum. Sogar Nicht-Vorschläge sind wirksam, da negativ formulierte Vorschläge und Sätze ebenso zuverlässig das offiziell verneinte Bild hervorrufen: »Sie brauchen ja nicht gleich XYZ zu tun.« Damit ist XYZ aber schon im Spiel.

Eine einfache Art, Unterschiede im Erleben ins Bewusstsein zu heben, besteht darin, Skalierungsfragen zu stellen:

4 Vgl. Trenkle/Furman 2017.

»Wenn Sie sich eine Skala von ›Null‹ bis ›Zehn‹ vorstellen – ›Null‹ ist der absolute Tiefpunkt und ›Zehn‹ so gut, dass es schon fast unverschämt ist –, wo auf dieser Skala befinden Sie sich, wenn es Ihnen richtig schlecht geht?« »Und wo sind Sie gerade jetzt?« »Und wenn es schon einmal Zeiten gab, in denen es ein bisschen besser war, bei welchem Wert lagen Sie da?« Skalierungsfragen ermöglichen es, schnell Unterschiede zu bilden und so Information zu schaffen. Sie differenzieren das Bild an Stellen, an denen die Betroffenen bisher alles gleich schlimm fanden. Zugleich schaffen sie mit »Zehn« eine Vorstellung vom Ziel, die nicht weiter erklärt werden muss. Man kann z.B. Kindern erklären, dass Wunden am Körper sofort anfangen zu heilen und dass das mit der Seele auch so ist. »Wo auf einer Skala von ›Eins‹ bis ›Zehn‹ bist du jetzt in deinem Heilungsprozess?« »Was hast du getan, um auf ›Drei‹ zu kommen?« »Wenn du jetzt bei ›Fünf‹ bist, woran wirst du merken, dass du bei ›Sechs‹ angekommen bist?« Diese Fragen geben den Betroffenen das Gefühl, dass sie sich in die richtige Richtung bewegen, und wirken nicht nur bei Kindern.

Eine von Erickson entwickelte Technik ist die »Pseudoorientierung in der Zeit« oder »Kristallkugel«-Technik, aus der Steve de Shazer und Insoo Kim Berg die sogenannte »Wunderfrage« als Grundlage der lösungsorientierten Kurzzeittherapie entwickelt haben.[5] In ihrer Kurzform lautet die Wunderfrage: »Angenommen, Sie gehen nach dieser Sitzung nach Hause, gehen schlafen und in der Nacht passiert ein Wunder: Das Problem ist verschwunden. Woran merken Sie es zuerst? Wie stehen Sie auf? Wie gehen Sie? Wie begegnen Sie anderen Menschen? Was machen Sie anders? Wem fällt es zuerst auf, wem danach?« Und so weiter. Es geht darum,

5 Vgl. Berg/de Shazer, 2008 und de Shazer/Dolan ³2013.

intensiv eine Zukunft zu imaginieren, in der das Problem gelöst ist. Von dort aus werden Episoden in der Vergangenheit gesucht, in denen es bereits ähnlich war. Auf diese Weise wird deutlich, dass es nicht darum geht, ein neues Verhalten zu lernen, sondern lediglich darum, bereits vorhandene Fähigkeiten zu reaktivieren.

Die Wunderfrage kann in unterschiedlichen Varianten gestellt werden. Ben Furman berichtet von suizidalen Klienten, denen er Folgendes erklärt: »Ich kann keine Sterbehilfe leisten, sondern nur helfen, dass das Leben wieder lebenswert wird. Aber das klappt nicht immer. Jemand, dem es so ähnlich ging wie Ihnen, hat sich das Leben genommen und steht jetzt vor der Himmelstür. Und Petrus sagt: ›Was willst du hier, du bist noch nicht dran.‹ Der Mann sagt: ›Aber ich kann nicht mehr leben, es ist so schrecklich, nur Leiden und Schmerzen.‹ Petrus sagt: ›O.k., aber ich kann das nicht allein entscheiden.‹ Es gibt eine Teamsitzung, und nach einer Weile kommt er zurück und sagt: ›Wir haben deinen Fall beraten. Wir können dich nicht einlassen, du musst zurück. Aber wir haben auch gesehen, wie schwer es ist. Wir sorgen dafür, dass sich drei Sachen in deinem Leben ändern, welche sollen das sein?‹«[6]

Bei Paarberatungen stellt Furman manchmal eingefärbtes Mineralwasser auf den Tisch und erklärt dem Paar, es handle sich um einen Liebestrank. Wenn Sie daraus trinken, wird Ihre Liebe sich erneuern und neu aufflammen. Wenn dann als Reaktion kommt, so etwas gebe es nicht, gibt er den Klienten recht und sagt: »Aber angenommen, es wäre einer und Sie trinken davon, was würde sich ändern, wenn Sie nachher nach Hause gehen?« Auch das führt zur Beschreibung eines positiven Zielzustandes. Wenn das Paar dann doch wieder in seine alten Muster zurückfällt, lässt

6 Furman 2018.

sich scherzhaft sagen, dass sie wohl noch etwas von dem Liebestrank brauchen.[7]

Eine weitere von Ben Furman entwickelte Abwandlung der Wunderfrage ist die »Feier-Frage«, die sich besonders für der Arbeit mit Jugendlichen eignet und aus der sich ein ganzes Netz von weiteren Fragen ableiten lässt: »Was müsste passieren, damit du richtig stolz auf dich bist?« »Wie oft musst du so etwas tun, um es richtig zu feiern?« »Wie würdest du das feiern?« »Welche Kleidung würdest du anziehen?« »Welches Essen würde es geben?« »Wer wird eingeladen?« »Gibt es ein Programm?« »Willst du jemandem danken?« »Gibt es eine Rede?« »Wem willst du nicht danken?« »Gibt es Einladungskarten – und was steht darauf?« »Was ist mit uneingeladenen Gästen?«[8]

Manchmal reicht eine einzige Frage, um einen Unterschied zu machen. Ein langjähriger ehrenamtlicher Mitarbeiter meiner Gemeinde berichtete mir von Missständen auf seiner Arbeitsstelle. Seine Litanei endete mit der Feststellung: »Das macht doch alles keinen Sinn.« Vorsichtig und langsam fragte ich zurück: »Und was genau macht Sinn?«[9] Das löste einen intensiven inneren Suchprozess aus, der ihn dazu brachte, entscheidende Dinge zu ändern.

Die richtigen Fragen können die Sicht auf die Vergangenheit und die Zukunft ändern. Sie bilden Unterschiede und liefern so neue Informationen. Sie eröffnen Möglichkeitsräume und laden Menschen dazu ein, sich eine positive Zukunft vorzustellen. Gerade Fragereihen führen in der Regel in eine leichte Trance und lösen einen inneren Such- und Finde-Prozess aus. Und dann können Wunder geschehen.

7 Ebd.
8 Ebd.
9 Zur Technik vgl. Lohse [4]2013, S. 45.

Zur Vertiefung

- Arist von Schlippe/Jochen Schweitzer, Lehrbuch der systemischen Therapie und Beratung I. Grundlagenwissen, Göttingen, 3., unveränderte Auflage 2016.
- Ben Furman, Wenn die Handlung eine überraschende Wendung nimmt, Originalvortrag auf DVD, Müllheim/Baden 2018.
- Ben Furman, Ich schaffs! Spielerisch und praktisch Lösungen mit Kindern finden – Das 15-Schritte-Programm für Eltern, Erzieher und Therapeuten, Heidelberg [9]2021.
- Bernhard Trenkle/Ben Furman, Die magische Kunst, sinnvolle Fragen zu stellen. Lösungsorientiertes Coaching, Originalvorträge auf MP3-CD, Müllheim/Baden 2017.

12. Wer Ohren hat zu hören, der höre – Hypnotische Sprachmuster und Mehrebenen-Kommunikation

Doch Jesus wusste sofort, was sie dachten.
Er sagte zu ihnen:
»Warum habt ihr solche Gedanken?
Was ist einfacher? Dem Gelähmten zu sagen:
›Deine Sünden sind dir vergeben‹,
oder: ›Steh auf, nimm deine Matte und geh umher‹«?
Markus 2,8-9 (BasisBibel)

Nach einem Gespräch frage ich Klienten manchmal am Ende der Sitzung: »Kann ich Sie mit einem guten Gefühl so gehen lassen?« In der Regel wird das von den Klienten bejaht, in der Annahme, sie würden bestätigen, dass ich ein gutes Gefühl haben dürfe. Indirekt akzeptieren sie damit zugleich, dass *sie* mit einem guten Gefühl gehen. Stefan Hammel, der eine ähnliche Frage vorschlägt, antwortet oft darauf: »Dann nehmen Sie es überall mit hin.«[1]

Alles Mehrdeutige ist suggestiv. Gerade Fragen eignen sich gut, um Implikationen zu transportieren, die in der Regel nicht bewusst wahrgenommen werden, die aber trotzdem – oder eben deshalb – wirken. Es ist fast unmöglich, eine Aussage zurückzuweisen, von der man gar nicht weiß, dass man sie akzeptiert hat. »Ich kann Ihnen für Ihr Anliegen zwei Therapieansätze anbieten. Der eine ist logisch nachvollziehbar, braucht lange und bewirkt dann wenig. Der andere klingt unsinnig, ist aber meistens schnell und effektiv. Welcher ist Ihnen lieber?«[2] Mit der Entscheidung

1 Vgl. Hammel 2014, S. 57.

2 Ebd.

für die kurze und effektive Therapie hat der Klient zugleich akzeptiert, dass sie umso erfolgreicher sein wird, je verrückter sie ist.

Implikationen funktionieren am besten, wenn Menschen abgelenkt sind. Erickson stellte deshalb oft rüde oder auch peinliche Fragen, um von seinem eigentlichen Vorhaben abzulenken. Eine Frau bat er vor einer lebensgefährlichen Operation, ihm ein bestimmtes Rezept zu schicken, sobald sie wieder zu Hause sei. Während sie sich über die Egozentrik ihres Arztes aufregte, akzeptierte sie zugleich die Aussage, dass sie wieder nach Hause kommen würde.

In der Regel beantworten Menschen Fragen auf die einfachste Art und Weise, wenn es nicht gewichtige Gründe dagegen gibt. Deshalb macht es einen Unterschied, ob bei einer Aufzählung oder Diskussionsrunde gefragt wird: »Was noch?« oder »Noch etwas?« Auf die Frage »Gibt es noch etwas?« ist die einfachste Antwort: »Nein.« Die Frage »Was noch?« dagegen löst innere Suchprozesse aus, da sie sich nicht einfach beantworten lässt. Wenn also eine Suchhaltung angeregt werden soll, sollte man fragen: »Was gibt es noch?«, und wenn der Suchprozess beendet werden soll: »Gibt es sonst noch etwas?« Aus diesem Grund macht es auch einen Unterschied, ob der Krankenhausseelsorger bei dem Besuch in einem Krankenhauszimmer fragt: »Möchten Sie ein Gespräch?« oder: »Darf ich fragen: Wie geht es Ihnen?« Natürlich können Menschen diese Fragen auch jederzeit anders als erwartet beantworten, aber sie enthalten ein natürliches Gefälle, das normalerweise nicht ins Bewusstsein dringt. Genauso wie die Frage »Hatten wir gesagt, wir wollten noch einkaufen, oder bleiben wir hier?« zum Hierbleiben verführt, weil »Hierbleiben« im Indikativ formuliert ist und »Einkaufen wollen« im Konjunktiv, obwohl scheinbar offen gefragt wird. Auch bei unterschiedlichen Vorschlägen wird oft automatisch der Vorschlag in der Mitte gewählt. Sagt ein Therapeut am Ende einer Therapiestunde, dass normalerweise 70%, 80% oder sogar 90% des Therapieerfolges erhalten bleiben, gehen Klienten in Regel davon aus, dass es bei ihnen 80% sein werden. Die Frage, ob überhaupt etwas erhalten bleibt, oder ob es nur 50% sind, ist aus dem Blick. Das stärkt die positive Erwartung und damit auch den Therapieerfolg.

Milton Erickson entwickelte eine ganze Reihe von Techniken, die mit Implikationen und Suggestionen arbeiten, ohne dass diese ins Bewusstsein treten. Eine davon ist die sogenannte »Einstreutechnik« oder »Seeding«[3]: Neue Ideen werden gesät, indem sie in ein Gespräch eingestreut werden, das sich um ein völlig anderes Thema drehen kann. Gleichzeitig werden sie stimmlich oder gestisch markiert und so vom restlichen Text abgehoben, obwohl gleichzeitig so getan wird, als gehörten sie selbstverständlich dazu. Nach einiger Zeit werden diese Ideen vom Gehirn als bekannt und relevant eingestuft. Erickson ging dabei zumeist sehr subtil vor. Diese Technik funktioniert jedoch auch, wenn sie ganz offensichtlich eingesetzt wird. Experimente mit einem mehrseitigen Text über die Funktion von Kachelöfen, in den Anweisungen eingestreut sind, sich wohlzufühlen, zu entspannen und weniger Schmerzen zu empfinden, zeigen, dass bereits das Lesen des Textes ausreicht, damit chronische Schmerzpatienten Linderung erfahren – und dass die Ergebnisse besser sind als bei einer Behandlung mit anderen Verfahren.[4] Wie viele Techniken hat Erikson auch diese nicht erfunden, sondern eher wiederentdeckt und bewusst eingesetzt. In den letzten Jahren hat sich unter dem Begriff

3 Erickson 1966.

4 Schmidt 2011, S. 2ff.

»Priming« eine ganze Forschungsrichtung zu dem Thema entwickelt, in der es um das offensichtliche oder unterschwellige Bahnen von Aufmerksamkeit geht.

Aus den Techniken Ericksons entwickelten Richard Bandler und John Grinder, die Begründer des Neurolinguistischen Programmierens (NLP), das Milton-Modell mit seinen hypnotischen Sprachmustern.

- Dazu gehören das »Yes-Set«, das im NLP *Pacing und Leading*[5] genannt wird. Die Wahrscheinlichkeit, dass eine Suggestion angenommen wird, erhöht sich, wenn sie in einem Umfeld mit unbestreitbaren Aussagen vorkommt. Wenn ein Klient mehrmals aus ganzem Herzen »Ja« gesagt hat, steigt die Wahrscheinlichkeit, dass er auch den folgenden Aussagen des Therapeuten zustimmt, auch wenn diese neu für ihn sind. Im Gegenzug gilt auch: Macht ein Therapeut Aussagen oder Bemerkungen, denen der Klient nicht zustimmen kann, sinkt die Wahrscheinlichkeit, dass er weiteren Aussagen zustimmt. Auch das ist ein Phänomen, das sich in jeder Form von Kommunikation beobachten lässt.
- Bei *Nominalisierungen* werden aus Verben Substantive gebildet und so konkrete Informationen getilgt. Das setzt beim Gegenüber Suchprozesse in Gang, um die Nominalisierung mit Inhalt zu füllen, bzw. die fehlenden Informationen zu ergänzen. Beispiele sind »Entspannung«, »Wärme«, »Empfindung«, »Neugier«, »Gelegenheit« etc. Als Faustregel kann gelten, dass es sich bei allem, was sich nicht in eine Schubkarre legen lässt, um eine Nominalisierung handelt. Nominalisierungen lassen wichtige Informationen weg, z.B. wer sich bei welcher Gelegenheit

5 Siehe Hypnosystemische Grundbegriffe, S. 195.

in Bezug auf was wie fühlt. Bei Politikern sind sie sehr beliebt, weil sich jeder angesprochen fühlt und fast nichts gesagt wird: »Sicherheit ist die oberste Maxime unserer Politik.» Nicht gesagt wird, wer sich in Bezug auf wen oder was sicher fühlen soll. Im Rahmen eines Seelsorge- oder Therapiegesprächs können Nominalisierungen innere Suchprozesse anstoßen und Ressourcen erfahrbar machen. »Und diese Empfindung wird Ihnen helfen ...« Auch hier wird nicht gesagt, was genau in Bezug worauf Hilfreiches gefühlt wird, und so wird ein innerer Suchprozess ausgelöst.

- Einen ähnlichen Effekt haben *unspezifische Verben* wie: beginnen, erfahren, tun, wissen, erleben u.a. Auch sie lassen wichtige Informationen nach dem »Wie«, »Wo« und »Wann« weg.
- Ebenso funktioniert der *unspezifische Bezugsindex* in dem Satz: »Menschen können gut lernen, wenn sie entspannt sind.« Da nicht gesagt wird, um welche Menschen es sich konkret handelt, setzt automatisch die innere Suche ein, ob man selbst dazugehört.
- Dasselbe gilt für einen Satz wie »Ich weiß, dass Sie neugierig sind.« Er arbeitet mit einer *einfachen Tilgung*, da nicht gesagt wird, worauf.
- *Kausales Modellieren* stellt scheinbar logische Ursache-Wirkungs-Zusammenhänge her. Besonders wirkungsvoll sind diese, wenn der Zusammenhang zwischen etwas Erlebbarem im Außen und etwas Erwünschtem im Innern hergestellt wird: »Sie können die Lehne des Sessels spüren und beginnen, sich mehr und mehr zu entspannen.« Wörter wie »und« oder »aber« bilden die einfachste kausale Verknüpfung. Stärker wird sie durch Konjunktionen wie »während«, »seit«, »bevor«, »weiter-

hin« oder »nachdem« etc. »Während Sie diesen Text hier lesen, kann Ihr Unbewusstes bereits beginnen, mehr und mehr davon zu verinnerlichen.« Am stärksten ist der Effekt, wenn Wörter verwendet werden, die eine echte Ursache-Wirkung suggerieren: »wenn ... dann« oder »erlauben«, »bewirken«, »können«, »verursachen« und andere.

- Auch *Gedankenlesen* gehört zu den hypnotischen Sprachmustern. Damit ist gemeint, dass behauptet wird, die Gedanken oder Gefühle des anderen zu kennen, das aber in so unspezifischen Sätzen, dass kein Widerspruch erzeugt wird: »Ich weiß, Sie sind neugierig.« Besonders bei Auseinandersetzungen in Paarbeziehungen ist Gedankenlesen sehr beliebt, entwickelt dort aber selten eine segensreiche Wirkung, wenn z.B. ein Partner sagt: »Ich weiß doch, dass du mich nicht mehr liebst.«

- *Universal-Quantoren* sind Verallgemeinerungen oder Generalisierungen wie »alle«, »immer«, »jeder« oder »nie«. Diese sind besonders in der Werbung verbreitet. »Jeder weiß, wie wichtig es ist, immer gut versichert zu sein.« »Nach jedem Üben, werden Sie die hypnosystemischen Techniken immer selbstverständlicher in Gesprächen einsetzen.«

- Der *Verlorene Performativ* bezeichnet Urteile oder Wertungen, bei denen die wertende Instanz weggelassen wird. »Das weiß man doch.« Oder: »Es ist gut, nichts zu überstürzen.« Viele Volksweisheiten und Sprichwörter sind auf diese Weise formuliert.

- *Modaloperatoren* sind Wörter wie »können«, »dürfen«, »müssen« und »sollen« sowie ihre Verneinungen, die den Inhalt eines Verbs ergänzen und damit eine bestimmte Richtung vorgeben. Suggeriert wird damit eine Alternativlosigkeit, indem andere Optionen unterschlagen werden: »Wenn Sie diesen Text lesen, können Sie beginnen, sich immer wohler zu fühlen.«

- Mit *Präsuppositionen* werden Vorannahmen bezeichnet, die für das Verständnis eines Satzes notwendig sind. Erickson sagte oft zu Klienten, dass er neugierig sei, wann sie anfangen würden, ein neues Verhalten umzusetzen. Die Vorannahme ist, dass sie ihr Verhalten tatsächlich ändern. Auch bei Verkäufern ist diese Technik sehr beliebt, weil sie eine Wahlmöglichkeit suggeriert, die eigentliche Botschaft aber nicht hinterfragt wird: »Wann darf ich Sie anrufen, Montag oder Dienstag?« Die Frage, ob der Betreffende überhaupt angerufen werden will, wird dabei nicht mehr diskutiert und verschwindet so aus dem Fokus.

- *Eingebettete Befehle* sind eine sehr indirekte Form der Kommunikation, die Erickson bei der Einstreu-Technik verwendet hat. Einzelne Wörter eines längeren Satzes ergeben, sprachlich hervorgehoben, eine Aufforderung oder Frage. Erickson wurde zu einem schwer krebskranken Farmer namens Joe gerufen, der starke Schmerzen hatte und nicht genug trank, aber jede Form von psychologischer Hilfe ablehnte. Deshalb unterhielt sich Erickson mit ihm über Tomatenpflanzen und bettete entsprechende Aufforderungen in die Kommunikation ein: »And the tomatoplants, *drink water, Joe*.«[6]

- Wenn einzelne Teile eines Satzes oder einer Botschaft sprachlich, gestisch oder durch Pausen besonders betont werden, spricht man im NLP von *Analogem Markieren*. Auch das wird bei der Einstreutechnik verwendet. Diese Technik wird von vielen Menschen ganz selbstverständ-

6 Vgl. Erickson 1966.

lich im Alltag angewendet, z.B. wenn beim Gespräch an der Supermarktkasse plötzlich die Stimme gesenkt und gesagt wird: »Und wissen Sie, was der Frau Meier ihr Sohn gemacht hat …?«

- *Eingebettete Fragen* sind Fragen, die nicht als solche, sondern nur indirekt gestellt werden. Das hat zur Folge, dass sie nicht beantwortet, dafür aber in der Regel zuverlässig umgesetzt werden. »Ich frage mich, ob Sie beginnen, tiefer zu atmen, wenn Sie das hier lesen?«
- Auch die Verwendung von *Zitaten* und *Metaphorischen Sprachmustern* gehören in diesen Zusammenhang (Siehe Kapitel 7.)

Hypnotische Sprachmuster, wie sie im Neurolinguistischen Programmieren zusammengetragen wurden, sind geprägt von dem indirekten Vorgehen Ericksons und haben durch ihre fragwürdige Verwendung in Verkaufs- und Marketingtechniken nicht den besten Ruf. Trotzdem ist es für die hypnosystemische Arbeit wichtig, diese Sprachmuster zu kennen, um sie zum Guten einsetzen zu können. Oft werden sie von Menschen unbewusst verwendet. Dann ist es hilfreich, z.B. Tilgungen oder Verallgemeinerungen in der Sprache zu hinterfragen, um die versteckte Information dahinter wieder zugänglich zu machen und damit auch mögliche Alternativen.

Um auf transparente Weise ähnliche Wirkungen zu erzielen, bieten sich die Verwendung des Konjunktivs und die Benutzung von hypothetischen Fragen an. Sie fokussieren die Aufmerksamkeit und erlauben, neue Ideen, Bewertungen oder Lösungsvorschläge ins Spiel zu bringen, ohne das Gegenüber zu etwas zu zwingen: »Angenommen, Sie würden sich erlauben, *mehr auf Ihre Bedürfnisse zu achten*, wie wäre das für Sie?« Das erlaubt unterschiedliche Antworten, aber die Idee, dass es möglich ist, auch auf die eigenen Bedürfnisse zu achten, ist im Spiel. Das kleine Wörtchen »angenommen« erzeugt keine Abwehr, weil es sich ja nur um ein hypothetisches Gedankenspiel handelt, kann aber neue Horizonte eröffnen. Auf diese Weise können leicht unterschiedliche Betrachtungsweisen der Wirklichkeit als Angebot ins Gespräch gebracht werden. Gunther Schmidt bezeichnet sich deshalb gerne als »Realitäten-Kellner«. Auch die Frage »Wie würden Sie es finden, wenn ...?« fokussiert die Aufmerksamkeit auf das Gewünschte, selbst wenn eine negative Antwort kommt: »Angenommen, ich würde Sie fragen, was Sie von XY halten?« »Davon würde ich gar nichts halten.« »Sehen Sie, wie gut, dass ich Sie nicht gefragt habe.« Denselben Effekt hat die Verwendung von Verneinungen: »Sie brauchen (noch) nicht darüber nachzudenken, ob Sie XY umsetzen werden.« Auch Formulierung wie »Angenommen, wir stellen uns einmal vor ... Das kann man sich ja mal vorstellen, oder?« helfen, Lösungsvorschläge als harmloses Gedankenspiel in ein Gespräch einzubringen und so an den inneren Skeptikern vorbeizuschleusen.

Oft sagen Klienten: »Ich könnte ja mal ...« Das bleibt in der Regel unverbindlich. Wenn man sie bittet, denselben Satz im Indikativ zu formulieren, klingt er viel kraftvoller und regt zum Handeln an. Generell lässt sich sagen, der Konjunktiv im Mund des Beraters bereitet die Lösung vor, der Konjunktiv im Mund des Klienten stabilisiert das Problem.

Hilfreich für jede Art von Gespräch ist es, am Anfang eine Rahmensuggestion zu setzen, also einen Wunsch oder eine Aussage, die einen Rahmen für das Gespräch bildet und den Fokus in die gewünschte Richtung lenkt. Wenn Menschen zu mir in eine Beratung kommen, sage ich manchmal: »Wenn es Ihnen recht ist, werden wir hier das Bestmögliche für Sie erreichen. Sind Sie damit einverstanden?« Diese Frage wird in der Regel bejaht, auch wenn die Erwartungen vielleicht gar nicht so hoch waren. Damit haben wir jedoch zugleich die Vereinbarung getroffen, dass genau das hier passiert. Ebenso kann man sagen: »Ich wünsche mir für dieses Gespräch …« Das verpflichtet niemanden zu etwas, aber die Aufmerksamkeit wird in die gewünschte Richtung gelenkt. In kirchlichen Gremien ist es üblich, eine Sitzung mit einem kurzen biblischen Text oder einer Andacht zu beginnen. Das wird manchmal als Pflichtübung wahrgenommen, im besten Fall fokussiert es jedoch die Aufmerksamkeit in eine gewünschte Richtung.

Ein weiteres großes Feld der Mehrebenen-Kommunikation ist der nichtsprachliche Teil der Kommunikation. Dazu gehören Körpersprache und -haltung, Mimik und Gestik, Atmung, Klang der Stimme, Lautstärke, Sprachmelodie und Stockungen beim Sprechen. Wir kommunizieren permanent über alle diese Kanäle mit anderen und mit uns selbst, auch wenn das nur selten ins Bewusstsein dringt. Intuitiv erfassen wir, ob das, was das Gegenüber sagt, stimmig ist, oder ob sein Körper oder seine Stimme etwas anderes sagen als seine Worte. Man kann die Körperhaltung vom Menschen spiegeln und so Verbundenheit signalisieren oder nonverbal freudige Erwartung zum Ausdruck bringen, wenn es um eine erwünschte Entwicklung geht.

Da unsere Erinnerungen in Netzwerken im Gehirn abgespeichert werden, ist zu erwarten, dass beim Sprechen über ein bestimmtes Ereignis auch das dazugehörige Atemmuster aktiviert wird. Wenn Menschen sich bei bestimmten Themen die Augen reiben, als wollten sie Tränen wegwischen, liegt die Vermutung nahe, dass diese Themen mit Trauer besetzt sind. Wenn sie von Allergien berichten, zeigen sie meist auch leichte allergische Reaktionen. Wenn diese ausbleiben, obwohl die Allergie Thema ist, lässt sich davon ausgehen, dass die Allergie erfolgreich behandelt wurde.

Die Wahrnehmung dieser Art von Mehrebenen-Kommunikation lässt sich schulen, wenn in Gesprächen ein Teil der Aufmerksamkeit vom Inhalt abgezogen und stattdessen auf die verwendeten Metaphern, den Klang der Stimme oder unwillkürliche Bewegungen geachtet wird. Diese Form der Kommunikation ist oft aufschlussreicher und wirksamer, als der gesprochene Inhalt. Das gilt auch für den Seelsorger oder die Beraterin selbst. Deshalb ist es so wichtig, sich selbst stimmig in eine Verfassung zu bringen, die Hoffnung und Zuversicht vermitteln kann, damit der Körper die gesprochenen Worte unterstützen kann.

Zur Vertiefung

- Stefan Hammel, Therapie zwischen den Zeilen. Vom ungesagt Gesagten in Psychotherapie, Beratung und Heilkunde, Stuttgart 2014.

Wer hypnotische Sprachmuster üben will, kann das auf spielerische Weise tun mit:

- John Grinder/Richard Bandler, Therapie in Trance. Neurolinguistisches Programmieren (NLP) und die Struktur hypnotischer Kommunikation, Stuttgart [15]2011.
- Jens Thomas/Martina Schmidt-Tanger/Christian Tschepp, Milton! Praxistraining Hypnotische Sprachmuster – Grundlagen, Einsatz, Beispiele, Paderborn 2004.
- Johann B. Garnitsching/Maximilian Ganster, Hypno-Card – Spielkarten mit Anleitung, Paderborn [6]1996.

13. Landschaften der Seele – Von Häusern, Dörfern, Rittern und Stürmen

»Wer diese meine Worte hört und sie befolgt,
ist wie ein kluger Mann:
Er baute sein Haus auf felsigem Boden.
Dann kam ein Wolkenbruch.
Die Flüsse traten über die Ufer,
die Stürme tobten und rüttelten an dem Haus.
Doch es stürzte nicht ein, denn es war
auf felsigem Untergrund gebaut.«

Die Bergpredigt: Matthäus 7,24.25 (BasisBibel)

Bilder sind die Sprache unserer Seele.[1] Sie helfen, zielgerichtet mit dem Unbewussten und dem Körper zu kommunizieren und Veränderungen anzustoßen. Diese Kommunikation funktioniert in beide Richtungen. Es lassen sich die Bilder, die das Unbewusste zur Verfügung stellt, aufgreifen und verändern. Oder man kann der Seele und dem Körper Geschichten erzählen, mit dem Ziel, eine Veränderung zu erreichen.

Eine einfache Möglichkeit, ein Problem und das dazugehörige Erleben zu verändern, besteht darin, den Klienten zu bitten, es als Landschaft zu beschreiben. Meist stellt sich schnell ein Bild einer unwirtlichen Gegend ein. Dann kann man den Klienten auffordern, das Landschaftsbild so zu verändern, dass es für ihn angenehm ist. Oder man bittet seinen inneren Regisseur, dies für ihn zu tun. Das Ergebnis ist oft verblüffend. Mit dem inneren Bild ändert sich auch das Erleben. Wie sich in ähnlicher Weise mit den Metaphern verfahren lässt, die die Klienten benutzen, wurde in Kapitel 7 beschrieben.

1 S.o. Kapitel 7.

Eine Frau aus der Gemeinde bekam einen Herzschrittmacher eingesetzt. Während der Operation wurde ein Nerv verletzt. Seitdem zitterte ihr rechter Arm wie bei einer Parkinsonerkrankung und sie musste ihn mit der linken Hand festhalten, um ihn ruhig zu stellen. Die Operation lag inzwischen drei Wochen zurück. Sie berichtete, dass nach Auskunft der Ärzte das Zittern mit etwas Glück in einem halben Jahr wieder verschwinden könne. Ich fragte sie, ob das in Ordnung wäre, wenn ich ein bisschen mit ihrem Arm reden würde. Mit ihrer Erlaubnis versetzte ich sie in Trance und fing an, ihr von einem wunderschönen alten Haus zu erzählen, das beschädigt wurde, aber jetzt restauriert wird. Die Handwerker beginnen, vorsichtig die Wände zu öffnen, um die schadhaften Leitungen und Balken zu erneuern. Sie erneuern die defekten Wasser-, Strom- und Telefonleitungen. Sie gehen systematisch von Raum zu Raum, verputzen die Risse im Mauerwerk, schauen, ob das Dach dicht ist. Sie gehen auch in den Keller. Manche besonders beanspruchten Leitungen überziehen sie mit einer goldenen Schutzschicht. Danach dichten sie alle Löcher wieder ab, tapezieren und malern das Haus neu von innen und von außen, bis am Ende die Sonne durch die frisch geputzten Fenster scheint und es eine Freude ist, in diesem Haus zu leben. Zwischendurch sprach ich ihren Arm direkt an und sagte zu ihm, dass er jedes Recht habe, sich so aufzuregen. Das hätte nicht passieren dürfen, aber die Gefahr sei jetzt vorbei und er dürfe sich beruhigen. Während ich etwa 20 Minuten so mit ihr redete, konnte ich beobachten, wie das Zittern nachließ und der Arm am Ende völlig ruhig in ihrem Schoß lag. Sie erzählte mir anschließend, dass sie gar nicht alles mitbekommen habe, was ich gesagt habe. Allerdings habe sie gespürt, wie ihr Arm immer wärmer wurde und sie zum ersten Mal nach der Operation wieder das Gefühl hatte, dass der Arm zu ihr gehöre. Als wir uns verabschiedeten, gab sie mir die rechte Hand. Ein paar Tage später erzählte sie mir, die Wirkung habe bis zum nächsten Morgen angehalten, dann habe ihr Arm wieder zu zittern begonnen. Sie sei aber zuversichtlich, dass das bald verschwinden werde, weil es ja jetzt wieder ihr Arm sei. Als ich sie das nächste Mal besuchte, konnte sie ihren Arm und die Hand normal benutzen.

Wenn die angebotenen Bilder von Körper und Seele als relevant betrachtet werden, lässt sich oft eine unmittelbare Wirkung beobachten wie bei der Geschichte von dem Bergdorf.[2] Wenn die Geschichte vom Dorf, das von einer Schlammlawine überschwemmt wurde, von der Seele des Klienten als Modell für das eigene Erleben angesehen wird, kann man erzählen oder gemeinsam überlegen, wie das Dorf nach einer Katastrophe aufgeräumt und wieder schön gemacht wird und welche Schutzmaßnahmen nötig sind, um in Zukunft Katastrophen zu verhindern. Man kann überlegen, ob es ein Denkmal für die schweren Zeiten geben soll und wie oft Gedenkveranstaltungen stattfinden. Es können auch Forscher den Bach entlang bis in die Quellhöhle geschickt werden, um dort Geröll zu entfernen. Dies wird in der Regel assoziativ als Reise in die Vergangenheit und als Hinweis auf frühere Belastung bis hin zum Mutterleib verstanden. Wenn das alles nicht hilft, kann man der Trickfilmlogik folgen und das Dorf den Hang hinauf verschieben oder es an einem sicheren Ort neu aufbauen lassen.

Eine weitere Geschichte, die sich im Umgang mit Allergien, Phobien und anderen Belastungen bewährt hat, ist die Geschichte von der Ritterburg. Stefan Hammel berichtet von einem Besuch bei Freunden, deren vierjähriger Sohn eine schwere Nuss- und Pollenallergie hatte. Er erklärte ihm: »Du

2 S.o. Kapitel 7.

weißt doch, dass der Körper sich gegen Feinde wehrt, also gegen Bakterien und solche Bösewichte. Aber manchmal erwischt er auch Leute, die gar nichts Böses vorhaben, also Freunde und ganz harmlose Besucher. Das ist wie auf einer Burg, wo die Ritter auf der Burgmauer stehen und alle bösen Feinde bekämpfen. Aber weil sie so eifrig sind und keinen Feind übersehen möchten, greifen sie auch noch Gäste und Freunde an, die nur friedlich die Burg besuchen möchten. Da kommen zum Beispiel Nüsse, die gar nichts Böses vorhaben, und die Ritter greifen sie an, und da kommen Blumen, die lieb sind, und die machen sie kaputt. Die Ritter meinen das nicht böse, sie haben nur etwas falsch verstanden. Und wenn die richtigen Feinde kommen, sind die Ritter auch noch müde, weil sie die ganze Zeit gegen normale Besucher gekämpft haben. Das ist nicht gut. Darum ruft der König die Ritter zusammen und sagt zu ihnen: ›Hört mal, ihr macht das schon toll mit den Feinden, aber ihr braucht doch nicht die Freunde anzugreifen und die Besucher, die sich nur mal umschauen wollen und dann wieder gehen. Die sind uns doch willkommen! Die dürfen reinkommen. Das sind doch unsere Gäste! Jetzt guckt noch mal genau hin, wer die Feinde und wer harmlose Gäste sind. Und greift nur die an, die Waffen tragen, und die Unbewaffneten lasst reinkommen. Mit denen können wir feiern und es uns gut gehen lassen!‹ Und ich glaube, danach sind sie Schlitten fahren gegangen.«[3] Anderthalb Wochen später meldeten sich die besorgten Eltern, weil ihr Sohn im Kindergarten ein Nutella-Brötchen gegessen hatte, ohne irgendwelche Symptome zu zeigen.

Wenn Menschen schwere Belastungen erleben und eine reaktive Depression entwickeln, lässt sich das gut mit den Metaphern von Seesturm und Eismeer plausibel machen.

3 Hammel 2011, S. 70f.

Es ist, als ob die Seele sagen würde, die Wellen werden mir zu hoch, ich friere lieber alles ein, auch auf die Gefahr hin, gar nichts mehr zu spüren. Wenn dann die Erstarrung im Laufe der Therapie weicht, kann man der Seele ausrichten lassen, dass es nicht mehr derselbe Sturm wie damals ist, und sie bitten, die Wellen so anzupassen, dass sie nicht überhandnehmen.

Das Bild eines in Seesturm geratenen Schiffs eignet sich auch, um die mit seelischen Belastungen einhergehenden Verspannungen zu bearbeiten. Wenn ein Segelschiff in einen schweren, vielleicht sogar lebensbedrohlichen Sturm gerät und dann am Ende sicher den Hafen erreicht, feiern die Hafenbewohner mit den Matrosen ein großes Fest, weil sie gesund und lebendig zurückgekehrt sind. Nachdem der ganze Ort drei Tage gefeiert hat, beginnen die Arbeiten am Schiff. Vorsichtig werden die Taue gelöst und die Spannung aus den Seilen genommen. Beschädigte Taue und Seile werden ausgetauscht. Die Masten, die sich verzogen haben, werden vorsichtig mit einem Senkblei neu ausgerichtet und dann wieder neu verspannt. Dabei wird darauf geachtet, dass die schweren Taue die große Spannung tragen und die kleinen Seile nur eine kleine Spannung. Nach Bedarf wird die Prozedur an den nächsten Tagen wiederholt, bis das Schiff völlig überholt und bereit ist für die nächste große Fahrt.[4] Bereits beim Erzählen der Geschichte lässt sich beobachten, wie sich der Körper unwillkürlich aufrichtet und die Spannung in den Muskeln neu verteilt. Diese von Stefan Hammel entwickelten Geschichten lassen sich abwandeln, ausbauen und anpassen. Ihnen gemeinsam ist, dass sie das Schwere und Leidvolle würdigen und gleichzeitig ein Modell für einen besseren Umgang mit den bisherigen Belastungen anbieten.

4 Vgl. Lamprecht/Hammel/Hürzeler/Niedermann 2018, S. 50.

Wenn Menschen alles Negative als Realität und alles Wünschenswerte als Fantasie beschreiben, erzählt Stefan Hammel von der »Ist-Kiste« und der »Wäre-Kiste«, die wir im Kopf haben, oder von den »Ist- und Wäre-Planeten«, zu denen man reisen kann. Viele Menschen tun das Unangenehme in Gedanken in die »Ist-Kiste« und das, was sie sich wünschen, in die »Wäre-Kiste«. Das hat aber nichts mit Wahrscheinlichkeiten zu tun, sondern damit, dass Menschen sich vor Enttäuschungen schützen wollen. Sie tun das, was sie sich wünschen, in die »Wäre-Kiste«, damit sie nicht enttäuscht sind, wenn es nicht eintritt. Und das Unangenehme tun sie in die »Ist-Kiste«, damit sie nicht enttäuscht sind, wenn es bleibt. Wenn man Menschen dann einlädt, den Inhalt der Kisten versuchsweise zu tauschen, ergeben sich neue Möglichkeiten. Mit Kindern und Jugendlichen kann man in Gedanken gut geschützt durch einen Raumanzug auf die unterschiedlichen Planeten reisen, um zu schauen, wie es dort ist und wo man leben möchte.

Wie unmittelbar Bilder auf den Körper wirken, konnte ich auch bei einem in der Gemeinde engagierten Naturwissenschaftler beobachten, der vor ein paar Jahren mit blauen Flecken im Gesicht in den Gottesdienst kam. Er betrieb für sein Alter ausgiebig Sport und litt fast täglich unter Krämpfen in den Beinen. Oft kamen sie nachts und zwangen ihn aufzustehen. So war es auch zu seiner Verletzung gekommen. Er war so schnell aufgestanden, dass ihm schwarz vor Augen wurde, er hinfiel und mit dem Gesicht aufschlug. Ich bot ihm an, mit Hilfe von Hypnose etwas gegen seine Krämpfe zu unternehmen. Wäre dieser Vorschlag von jemand anderem gekommen, hätte er ihn vermutlich abgelehnt, da er sich nicht vorstellen konnte, auf diesem Wege eine körperliche Veränderung zu erreichen. Nachdem ich ihm erklärt hatte, wie ich arbeite und dass er im schlimmsten Fall 30 sehr entspannte Minuten erleben werde, erklärte er sich einverstanden.

Ich erzählte ihm davon, dass sich Blutungen stillen lassen, indem man Menschen bittet, sich ein großes Handventil vorzustellen und es langsam zuzudrehen. Natürlich besitzt unser Körper kein Absperrventil, aber er verfügt über blutstillende Mechanismen, die über dieses Bild angesprochen werden. Und auch Venenklappen sind körpereigene Ventile. Da die Krämpfe von Durchblutungsstörungen in den Beinen ausgelöst wurden und ich wusste, dass er ein passionierter Taucher war, lud ich ihn ein, in Trance zu gehen und sich einen wunderbar entspannten und ungefährlichen Tauchgang vorzustellen. Danach bat ich sein Unbewusstes und seinen Körper, die Druckverhältnisse in seinem Körper so zu regulieren, dass alle Teile ausreichend gut mit Blut versorgt werden, und sein sportliches Engagement so zu gestalten, dass es seine Gesundheit fördert und ihr nicht schadet. In der Folge klagte er nur noch sehr selten über Krämpfe. Sie treten noch gelegentlich auf, spielen aber keine beherrschende Rolle mehr in seinem Leben.

Zur Vertiefung

- Viele hilfreiche und therapeutisch wirksame Geschichten finden sich in den Büchern von Stefan Hammel und auf seinem Blog: www.stefanhammel.de

14. Von Seilen, Steinen und Inseln – Die Arbeit mit Boden- und anderen Ankern

Du stellst meine Füße auf weiten Raum.
Psalm 31,9 (Lutherbibel 2017)

Die Arbeit mit Bodenankern und Bodenbildern hilft dabei, innere Prozesse zu externalisieren. Sie baut eine Beobachterposition auf und hilft, sich von ihnen zu distanzieren. Gleichzeitig können Bodenanker eine starke Einladung in ein bestimmtes Erleben sein. Als Anker kann ein Blatt Papier auf dem Boden, ein Seil oder jeder andere Gegenstand dienen. Auch Stühle eignen sich hervorragend als Anker, wie im nächsten Kapitel gezeigt wird. Der Vorteil von Seilen ist ihre hohe Flexibilität. Sie lassen sich nutzen, um unterschiedliche Bereiche zu markieren. Man kann Kreise, Linien und Felder abgrenzen und jede Form von Überschneidung legen.

Eine einfache Möglichkeit der Arbeit mit Seilen ist, einen Kreis für eine Situation legen zu lassen, in der der Klient vollen Zugriff auf seine Ressourcen hat und es ihm rundum gut geht, und einen zweiten Kreis für die aktuelle Problemsituation. Dann wird der Klient gebeten, sich nacheinander in beide Seilkreise zu stellen und den Unterschied zu spüren. Wichtig ist es, vorher mit dem Klienten und seinem Unbewussten zu vereinbaren, dass nichts Negatives überhandnimmt und er jederzeit aus dem Seilkreis heraustreten und das Erleben abschütteln kann. Anschließend bittet man ihn, sich mit dem guten Gefühl aus dem Ressourcenkreis vollzusaugen und es mit in den Problemkreis zu nehmen. Allerdings ist dabei sorgfältig so zu formulieren, dass das Ressourcenerleben als vorrangig betrachtet wird. Wenn es für den Klienten stimmig ist, kann er auch den Ressourcenkreis um den Problemkreis legen.

Auch für Entscheidungssituationen bietet sich die Arbeit mit Seilen an. Gerade in Situationen, die eine große Ambivalenz erzeugen, ist es sinnvoll, sich zu vergegenwärtigen, dass es mehr als zwei Optionen gibt. Es gibt nicht nur »entweder – oder«, sondern auch »weder noch«, »sowohl als auch« und weitere Möglichkeiten. Nach Varga von Kibéd und Insa Sparrer ist jedes Dilemma in der Regel ein Tetralemma.[1] Dafür bittet man den Klienten, sechs Seilkreise zu legen und zu entscheiden, welcher Seilkreis für welche Option steht: »Entweder«, »Oder«, »Sowohl als auch«, »Weder noch« und »Das alles nicht – und dies auch nicht«. Die letzte Option ist der »Joker«. Anschließend wird der Klient gebeten, sich nacheinander in die Seilkreise zu stellen und zu spüren, wie es ihm dort geht, wenn die Entscheidung für diese Option gefallen ist. Wie fühlt es sich an? Wie steht und atmet er? Welche Stimmen oder Sätze hört er? Welche inneren Bilder oder Filme gibt es? Welche Ideen kommen ihm? Auf diese Weise stellt sich der Klient nach und nach in alle Seilkreise und erprobt auch Positionen dazwischen. Der Vorteil von Seilen ist dabei, dass sich beliebige Überschneidungen legen lassen. In der Regel ergeben sich aus dieser Arbeit stimmige Bilder oder neue Ideen. Der Horizont wird erweitert, und zugleich geben der Körper und das Unbewusste deutliche Rückmeldungen, die eine Entscheidung erleichtern.

Auch für die Arbeit an einer Lebensgeschichte bieten sich Seile an. Dabei wird ein Seil als Lebenslinie gelegt, die von der Vergangenheit in die gute Zukunft führt. Die Gegenwart und markante Stationen werden mit symbolischen Gegenständen bestückt, am besten die Ressourcen auf der einen Seite und die Belastungen auf der anderen Seite. Danach wird der Klient gebeten, seine Lebenslinie bis in die Gegen-

1 Vgl. Varga von Kibét/Sparrer [6]2009.

wart und in einem zweiten Schritt auch in die gute Zukunft abzuschreiten. So ergeben sich intensive Tranceprozesse. Wichtig ist auch hier, zuerst positive Lebenserfahrungen und Ressourcen zu verankern, bevor man sich belastenden Situationen zuwendet, um eine eventuelle Re-Traumatisierung zu vermeiden.

Seile lassen sich auch nutzen, um das Gute am Schlechten und das Schlechte am Guten zu visualisieren und erfahrbar zu machen. Das eignet sich besonders für Ambivalenz-Konflikte, in denen – wie bei einer Medaille – das unerwünschte Verhalten als Rückseite eines erwünschten Verhaltens beschrieben werden kann. So lässt sich beispielsweise das Sich-Belohnen und Entspannen mit Alkohol als Kehrseite übermäßiger Leistungsbereitschaft und Tapferkeit im Beruf verstehen. Man kann ein Seil durch den Raum legen, der so in eine Seite für das erwünschte Verhalten, nämlich Leistungsbereitschaft, und in eine Seite für das unerwünschte Verhalten, den Alkoholkonsum, getrennt wird. Anschließend kann der Klient beide Seiten ausprobieren, und es lässt sich gemeinsam überlegen, was die Vor- und Nachteile des jeweiligen Verhaltens sind. Das könnten z.B. Erfolgserlebnisse, soziale Anerkennung, aber auch Erschöpfung auf der einen Seite und Entspannung, Belohnung und Freude, aber auch Scham, Gesundheitsschädigung oder die Belastung von sozialen Beziehungen auf der anderen Seite sein.

In einem zweiten Schritt können mit einem weiteren Seil senkrecht dazu beide Seiten weiter unterteilt werden, so dass vier Felder entstehen: ein Feld für Vorteile des erwünschten Verhaltens (A), ein Feld für die Nachteile des erwünschten Verhaltens (B), ein Feld für die Vorteile des unerwünschten Verhaltens (C) und ein Feld für dessen Nachteile (D). Anschließend kann der Klient die Felder in der üblichen Reihenfolge durchlaufen: Leistungsbereitschaft – Erschöpfung – Trost oder Belohnung durch Alkohol – Kontrollverlust –

kompensiert mit erhöhter Leistungsbereitschaft. In jedem Feld wird der Klient gebeten, seine Körperempfindungen wahrzunehmen.

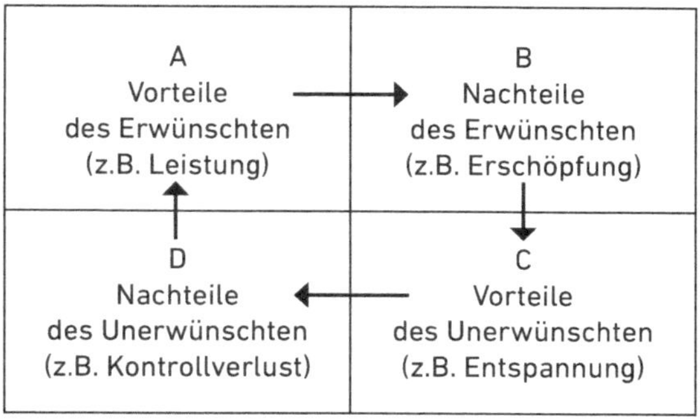

Anschließend bittet man ihn, sich nacheinander in einzelnen Schritten mit den guten Gefühlen aus A aufzufüllen und sie nach D zu bringen und sich mit den guten Gefühlen aus C auffüllen zu lassen und sie nach B zu bringen und jeweils zu beschreiben, was sich verändert.

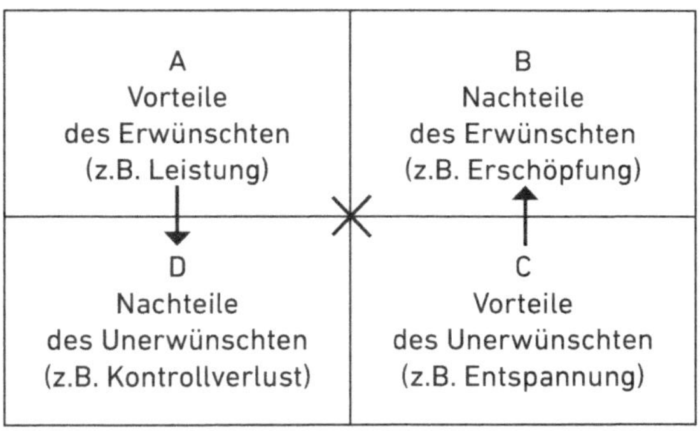

In einem weiteren Schritt kann sich der Klient jeweils mit einem Bein in ein anderes Feld stellen. Oft fühlen sich die Körperseiten unterschiedlich an, und man kann sein Unbewusstes auffordern, sie einander anzugleichen. Auf diese

Weise können alle möglichen Kombinationen ausprobiert werden. Wenn sich das Empfinden zwischen allen Feldern angeglichen hat, kann man mit dem Klienten besprechen, was sich verändert hat, und ob die Seile jetzt weggeräumt werden können, weil es ja nur das eine Leben gibt.[2]

Einer ähnlichen Logik folgt ein Vorgehen, bei dem man den Raum mit einem Seil in zwei Hälften für das erwünschte und das unerwünschte Verhalten unterteilt. Auch werden das Erleben in den jeweiligen Feldern und die Vor- und Nachteile erfragt. Anschließend wird mit dem Klienten über ein Leben geredet, das weder dem einen noch dem anderen Extrem folgt. Ein zweites Seil kann dann neben das erste gelegt werden, so dass ein Korridor für die gemäßigte Zone entsteht. Auch hier kann der Klient zwischen den Feldern umherwandern und erkunden, wie es ihm geht. Nach und nach werden die Seile immer weiter auseinandergelegt, so dass sich gemäßigte Zone immer weiter vergrößert und am Ende den ganzen Raum ausfüllt.[3]

Eine weitere Form, inneres Erleben zu externalisieren und zu bearbeiten, besteht darin, Inselkarten zu verwenden. So arbeitet Stefan Hammel bei Paaren mit der »Insel der Liebe«.[4] Auf ihr findet sich nicht nur der »Strand der Verliebtheit«, die »See der Sehnsucht«, der »Wald der Wünsche«, der »Gipfel der Erregung« und die »Sanften Hügel der Vertrautheit«, sondern auch der Vulkan »Kessel der Leidenschaft« mit den »Spalten der Angst« und der »Höhle der Gewalt«, die »Klippen des Scheiterns« am »Kap der Überforderung« und der »Tränenfluss«, der ins »Meer der Trauer« mündet. Es gibt den »Hafen der Ehe« in der »Bucht der Beständigkeit«

2 Hammel, Seminargespräch 2020.

3 Ebd.

4 Hammel [3]2011, S. 137 und 156.

und den »Strand des Friedens« am »Ozean der Langeweile«, den »Gipfel der Treue« und den Ort »Familingen« mit den Ortsteilen »Seinland« und »Ihrland«.

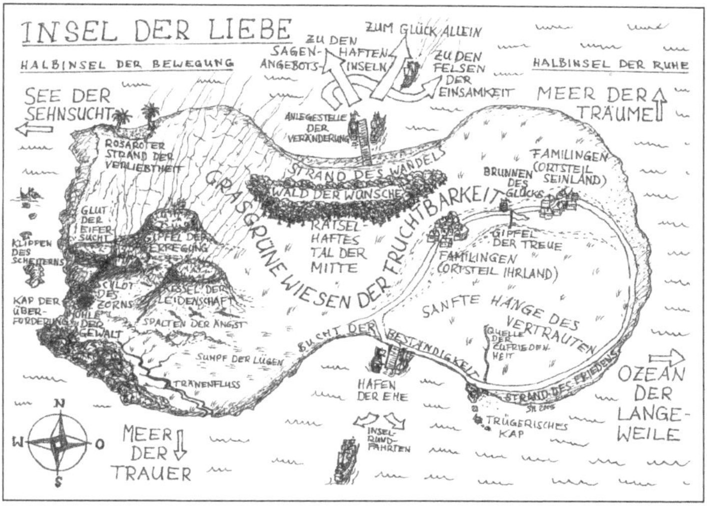

Aus: Hammel, Handbuch des Therapeutischen Erzählens, S. 351

Mit einem Paar lässt sich überlegen, wer sich wo in der letzten Zeit aufgehalten hat und wie die gegenseitige Einschätzung dazu ist. Auch wer sich wo aufhalten möchte, wer gegebenenfalls wem entgegenkommen kann, wie viel gemeinsam gemacht wird und ob es Inselrundfahrten geben soll, kann zusammen überlegt werden.

Durch die metaphorische Beschreibung ändert sich der Stil der Auseinandersetzung. Es gibt einen gemeinsamen Fokus und eine gemeinsame Sprache. Unterschiede können besprochen werden, ohne in gegenseitige Schuldzuweisungen zu münden. Die Inselkarte erleichtert es, die Aufmerksamkeit auf die Ressourcen zu lenken. Natürlich können Paare auch ihre eigene Karte zeichnen. Und auch für die Arbeit mit Teams ist die Entwicklung von Team-Inselkarten sehr ergiebig.

Zur Vertiefung

- Stefan Hammel, Therapeutisches Erzählen. Die komplette Ausbildung, ca. 49 Stunden auf 8 DVDs, Mühlheim/Baden 2016.
- Stefan Hammel, »Die Insel der Liebe«. Paartherapeutische Landkarte. https://shop.stefanhammel.de/startseite/therapie-spiele
- Danie Beaulieu, Impact-Techniken für die Psychotherapie, Heidelberg [8]2021.

15. Der Hoffnung einen Platz geben – Das Spiel mit den Möglichkeiten

Legt von euch ab den alten Menschen
mit seinem früheren Wandel,
der sich durch trügerische Begierden zugrunde richtet.
Erneuert euch aber in eurem Geist und Sinn
und zieht den neuen Menschen an.
Der Brief des Paulus an die Epheser 4,22-24 (Lutherbibel 2017)

Durch ihre Tochter kam eine Frau in den mittleren Jahren in meine Gemeinde, die unter langjähriger Inkontinenz und einer ausgeprägten Sozialphobie litt. Durch die Atmosphäre in der Gemeinde angezogen, begann sie, ihre Ängste Schritt für Schritt abzubauen, obwohl es sie nach wie vor große Überwindung kostete, ohne zwingenden Grund ihre Wohnung zu verlassen. Nachdem sie ausreichend Vertrauen gefasst hatte, bot ich ihr an, mit ihr zu arbeiten. Sie erzählte, dass sie viele Jahre in therapeutischer Behandlung gewesen sei. Auch aktuell sei ihr zu einer mehrmonatigen stationären Psychotherapie geraten worden, was aber nicht möglich sei, da ihre Tochter in diesem Fall unversorgt wäre. Auf den Vorschlag, hypnosystemisch zu arbeiten, reagierte sie positiv. Ihr erstes Ziel bestand darin, überhaupt wieder Lebensfreude empfinden zu können und nicht alles grau, deprimierend und beängstigend wahrzunehmen. Nachdem sie mir in der ersten Sitzung ihre Geschichte erzählt und ich ihr erklärt hatte, wie ein hypnosystemisches Vorgehen funktioniert, bot ich ihr zum Schluss noch an, mit Stühlen zu arbeiten. Es ist hilfreich, bereits in der ersten Sitzung einen substanziellen Fortschritt zu erreichen, weil dadurch die Erwartung geweckt wird, dass es in den folgenden Sitzungen ähnlich schnell vorangeht – was dann in der Regel auch geschieht.

Ich schlug ihr vor, sich selbst als eine Person aus ihrer guten Zukunft, der es richtig gut geht, in Gedanken auf den gegenüberstehenden Stuhl zu setzen. Unter Tränen erklärte sie mir, dass sie sich das nicht vorstellen könne, da es da diese Stimme in ihrem Kopf gäbe, die sie ständig schlecht mache. Sie nannte diese Stimme ihren »Dämon« und identifizierte sie mit der Stimme ihres Vaters. Ich bat sie, den Dämon auf den Platz rechts neben sich zu setzen. Das konnte sie sich vorstellen, und nachdem sie die Stimme aus ihrem Kopf auf den Platz neben sich gesetzt hatte, konnte sie sich selbst auch als eine sehen, der es gut geht – nicht als erwachsene Frau, aber als 10-jähriges Mädchen, das frech und stark ist und Freude am Leben hat. Als sie am Ende den Platz des Mädchens einnahm und sich mit diesem Erleben füllte, war das ein sehr emotionaler Moment. In der nächsten Sitzung berichtete sie, dass es ihr immer öfter gelungen sei, die Perspektive und das Lebensgefühl des Mädchens wachzurufen, und ihr seit vielen Jahren zum ersten Mal wieder Situationen aus ihrer Kindheit eingefallen seien, in denen sie Spaß hatte. Außerdem habe sie ihre Freunde gewarnt, dass sie sich nicht wundern sollten, wenn sie ab und zu Selbstgespräche führe und dem Dämon rechts neben sich sage, er solle die Klappe halten.

Das Therapeutische Modellieren oder auch Stühlespiel ist eine Form hypnosystemischer Arbeit, die Stefan Hammel aus der Hypnotherapie Ericksons entwickelt hat. Erickson hatte Klienten aufgefordert, ihren Widerstand auf einen anderen Stuhl zu setzen und sich zu überlegen, ob sie dann auf ihrem Platz oder auf dem anderen Stuhl mehr Widerstand haben.[1] Beim Therapeutischen Modellieren geht es um

1 Vgl. Short/Weinspach 2010, S. 199.

Seinsmöglichkeiten, um die »Leute, die ich sein kann«.[2] Es macht die in Kapitel 5 beschriebenen Vorgehensweisen, Probleme vom Ich-Erleben zu trennen, Lösungen zu verbinden und Probleme in Lösungen zu transformieren, auf einfache Weise erfahrbar, oft mit unmittelbarem Erfolg. Wenn man einen Klienten auffordert, in Gedanken denjenigen, »der das Problem hat« oder »dem es gerade so schlecht geht«, auf einen anderen Stuhl im Raum zu setzen, und dann anfängt, ihn gemeinsam mit dem Klienten so zu beschreiben, als ob eine Kopie von ihm real auf diesem Stuhl säße, setzt eine starke Dissoziation ein. Allein das führt oft schon dazu, dass sich der Betreffende deutlich besser fühlt. Der, dem es schlecht geht, sitzt ja jetzt auf dem anderen Stuhl. Wenn sorgfältig so formuliert wird, dass die Dissoziation vertieft wird, wird das, was eben noch ein Gedankenspiel war, zur erlebten Realität. Spätestens bei der Frage, ob der Betreffende den Stuhl tauschen und sich auf den Stuhl setzen möchte, auf dem die Kopie sitzt, wird der Unterschied deutlich spürbar. Meistens lehnen Klienten es ab, weil sie sich nicht wieder so schlecht fühlen wollen, und es ist auch nicht nötig.

Das Stühle-Spiel setzt voraus, dass im Vorfeld die Erlaubnis eingeholt und Plausibilität für dieses Vorgehen geschaffen wurde. So lässt sich fragen, ob man mal etwas Verrücktes machen dürfe, weil der Klient ja bestimmt schon jede Menge vernünftige Lösungsversuche ausprobiert habe. Zur Plausibilität gehört, Verständnis dafür zu wecken, dass verschiedene Stimmen im Kopf kein Zeichen von Krankheit sind. »Wer bin ich und wenn ja, wie viele?«, ist nicht nur der Titel eines philosophischen Bestsellers von Richard David Precht[3], sondern auch eine treffende Beschreibung für die Stimmen, die jeder von uns im Kopf hat. Seit der Entdeckung

2 Vgl. z.B. Hammel 2011, S. 262ff.

3 Vgl. Precht [25]2007.

des Unbewussten gab und gibt es viele verschiedene Versuche, die Seele des Menschen zu kartieren. Bekannt sind die Unterscheidungen zwischen »Es«, »Ich« und »Über-Ich« bei Sigmund Freud oder auch »Eltern-Ich«, »Erwachsenen-Ich« und »Kind-Ich« bei Eric Berne. Die Arbeit mit Anteilen wird schon seit Längerem erfolgreich in der Arbeit mit dem »Inneren Team« eingesetzt.[4] Auch in der Ego-State-Therapie wird mit unterschiedlichen Persönlichkeitsanteilen gearbeitet. Aus hypnosystemischer Sicht sind diese Anteile mehr oder weniger hilfreiche Konstrukte. Der Begriff »Persönlichkeitsanteile« unterstellt jedoch, dass diese Anteile notwendig zur eigenen Persönlichkeit gehören – so wie ein Arm oder Bein zum Körper. Eine mögliche negative Implikation dieser Vorstellung ist, dass man sich nicht von ihnen trennen kann, ohne sich selbst zu verstümmeln. Das schränkt die therapeutischen Möglichkeiten ein. Deshalb wird im Therapeutischen Modellieren von »Seinsmöglichkeiten« und »Leuten« gesprochen. Der Begriff »Seinsmöglichkeiten« bedeutet, dass man eine Möglichkeit wählen kann, ohne die andere abzuwerten – so wie man sich entscheiden kann, in Berlin, statt in Hamburg oder München zu leben. Da es sich um Konstruktionen handelt, kann man beliebig viele »Seinsmöglichkeiten« bzw. »Leute« entdecken oder auch erfinden, um sie später zu integrieren, aufzulösen oder in Urlaub zu schicken.

In Gedanken lässt sich in einem weiteren Schritt aus dem Reich der guten Möglichkeiten eine Kopie des Klienten in den Raum holen, der das Problem in guter Weise überwunden hat. Meist ist das einfacher, wenn vorher die belasteten Leute aus ihm herausgesetzt wurden, wie auch das Beispiel am Anfang des Kapitels zeigt. In dem Maße, in dem Menschen nicht mehr mit ihrem Problemerleben identifiziert

4 Vgl. Schulz von Thun 2006.

sind, fällt es ihnen leichter, sich auf das Gedankenspiel eines gelungenen Lebens einzulassen. »Angenommen, aus dem Raum der guten Möglichkeiten, aus dem Himmel oder woher auch immer käme der Herr Meier, der dieses Problem gelöst und alles in einer guten und stimmigen Weise überwunden hat. Wo könnte der sitzen?« Auch für diese gedankliche Kopie wählt der Klient einen Stuhl aus und beginnt, sie nach den Fragen des Therapeuten zu beschreiben. »Wenn Sie sich ihn so anschauen, wie sitzt er da?« »Wie atmet er?« »Wie guckt er?« »Was fällt Ihnen noch an ihm auf?« Da der Klient gedanklich damit beschäftigt ist, wie es ihm geht, wenn es ihm gut geht, wird sein Lösungserleben aktiviert. Die Körperkoordination und Atmung ändern sich und oft auch die Art und Weise, in der er schaut und spricht. Indem der Therapeut diese Veränderungen beschreibt, als würde er sie an der fiktiven Person wahrnehmen, verstärkt sich die Identifikation. Die fiktive und die reale Person färben aufeinander ab. Danach fordert man den Klienten auf, einmal auszuprobieren, wie es auf diesem Platz ist, auf dem er das Problem gelöst hat. Während er mit dem Platzwechsel beschäftigt ist und schlecht widersprechen kann, weist man ihn darauf hin, wie groß der Unterschied sein wird. Anschließend lässt man den Unterschied beschreiben. »Was ist hier anders?« »Und was ist noch anders?« Der Unterschied wird dadurch weiter vertieft, dass ab sofort der Klient auf seinem jetzigen Platz und in seiner jetzigen Verfassung als der einzig reale Mensch im Raum betrachtet wird und alle anderen Plätze und die damit verbundenen inneren Verfassungen als vergangen, überholt und nicht mehr relevant beschrieben werden.

Dieser Effekt lässt sich in einem weiteren Schritt noch verstärken. Man erklärt dem Klienten, dass es wie bei einer langen Wanderung ist: Irgendwann kommt man an der Stelle an, an der zu Beginn der Reise der Horizont war, und stellt fest, dass es hinter dem Horizont einen weiteren Horizont gibt. Anschließend holt man aus dem Raum der Möglichkeiten eine Kopie des Klienten, die das Problem nicht nur in einer guten und stimmigen Weise überwunden hat, sondern dies gefühlt schon seit vielen Jahren so lebt. Dann beschreibt man sie, wie zuvor geschildert, gemeinsam. Die Idee dahinter ist, dass unsere Erfahrungen unsere Erwartungen prägen. Wenn also suggeriert wird, dass die Erfahrungen schon jahrelang gut sind, werden auch die Erwartungen gut. Wenn der Klient dann auf diesen Stuhl wechselt, wird oft eine Form des Lösungserlebens spürbar, die noch einmal deutlich entspannter und selbstverständlicher ist.

Therapeutisches Modellieren löst bei wachem Bewusstsein intensive Trancephänomene aus. Es bietet vielfältige Möglichkeiten, Erleben zu konstruieren, zu dekonstruieren und neu zusammenzusetzen. Auch bisher völlig undenkbare Erlebnisweisen werden möglich. So lässt sich der, »der Sie geworden wären – und dann auch sind – wenn Sie diese schrecklichen Erfahrungen nicht hätten machen müssen«, auf einem Stuhl platzieren. Solche Suggestionen führen bei den Betreffenden manchmal zu einem leichten Schwindelgefühl, weil das Gehirn das ganze Leben neu bewertet und intensiv mit dem Errechnen der neuen Realität beschäftigt ist.

Entscheidend für den Erfolg des Therapeutischen Modellierens ist dabei, alle inneren Stimmen, die sagen könnten: »Das kann doch nicht so leicht sein!« oder »Eigentlich geht es mir doch anders!« zu entkräften. Das gilt auch für die Einwände, die sich in Formulierungen verstecken wie: »Im Moment ist es gut.« Diese Bemerkung impliziert, dass der Moment bald vorbei sein wird. Dann ist es hilfreich zu betonen: »Das ist gekommen, um zu bleiben« oder das neue Lebensgefühl als »Update« zu bezeichnen. Ein Update wird in der Regel nicht von früheren Programmversionen überschrieben. Wenn Menschen sagen: »Hier ist es gut«, antwortet Stefan Hammel oft: »Ich mache Sie darauf aufmerksam, dass das Gefühl transportabel ist.«

Bei allen Einwänden ist es hilfreich, die Einwände-Habenden und inneren Skeptiker vom Ich-Erleben zu trennen, indem sie aus dem Kopf des Klienten geholt werden. Zugleich ist es wichtig, die gute Intention der Einwände – z.B. als Schutz vor Enttäuschung oder Überforderung – zu würdigen. So kann es sinnvoll sein, sie zu »Ministern für Zuversicht« zu ernennen. Oder die »Einwände-Leute« können weiter aufgeteilt werden in diejenigen, die gute Intentionen haben, und diejenigen, die schlechte Strategien verfolgen. Sie können auch in Teams aufgespalten werden, die sich bei der Arbeit ablösen. Hilfreich ist es auch, die Skepsis humorvoll zu entkräften. Man kann wie Stefan Hammel die Geschichte von dem Physiker und den Schafen erzählen: Ein Physiker reiste von Hamburg nach Göttingen, um einen Freund zu besuchen. Dieser wollte wissen, ob die Schafe in der Lüneburger Heide schon geschoren seien. »Auf der mir zugewandten Seite schon«, sagt der Physiker.[5] Oder man kann Klienten erklären: »Gute Wissenschaftler sind nicht nur skeptisch gegenüber ihrem Forschungsgegenstand. Sie müssen auch skeptisch gegenüber ihrer eigenen Arbeit sein. Das heißt, gute Wissenschaftler sind auch skeptisch gegenüber ihrer Skepsis. Richten Sie ihrem Skeptiker bitte einen Gruß aus, er soll bitte auch skeptisch gegenüber der eigenen Skepsis sein, damit er die Forschungsergebnisse nicht verfälscht.« Die Arbeit mit Grüßen wird im nächsten Kapitel vorgestellt.

Eine weitere Form, innere Einwände zu entkräften, besteht darin, sie humorvoll zu überspitzen und so Widerstand zu erzeugen: »Was machen Sie denn, wenn Ihr Symptom wegbleibt und nicht mehr wiederkommt? Werden Sie es

5 Hammel 2014, S. 92.

dann nicht vermissen?« In der Regel bekommt man ein entschiedenes »Nein« zur Antwort. Ebenso günstig ist es, am Ende zu fragen: »Angenommen, das hier wäre der Beginn unserer Sitzung, was wäre denn dann das Ziel unserer Arbeit bzw. mein Auftrag?« Oft bekommt man als Antwort: »Dann wäre ich gar nicht gekommen.« Auch das enthält die starke Implikation, dass das Problem dauerhaft gelöst ist.

Was für die Einwände von innen gilt, gilt auch für die Einwände aus dem Heimatsystem der Klienten. Oft erwarten nahe Angehörige, Kollegen oder andere wichtige Bezugspersonen nicht, dass eine Therapie so schnell erfolgreich ist, und behandeln den Betreffenden wie vorher. Das enthält die starke Einladung, zum vorherigen Problemverhalten zurückzukehren. Stefan Hammel schlägt deshalb vor, Folgendes zu sagen: »Sie haben erlebt, wie schnell es Ihnen besser geht. Die anderen waren nicht dabei und denken vielleicht noch, es wäre wie vorher. Verlassen Sie sich auf das, was sie erlebt haben. Die anderen merken das dann später.«[6]

Oft gehen Klienten nach einer einzigen Sitzung völlig anders, als sie gekommen sind. Das weckt die günstige Erwartung, dass auch die weiteren Sitzungen so erfolgreich sein werden, so auch bei Frau Müller, einer ehrgeizigen jungen Frau, die zu mir in die Beratung kam. In der E-Mail mit der Bitte um einen Termin schrieb sie, dass sie sich in der dunkelsten Phase ihres Lebens befinde und sich nicht mehr zu helfen wisse. Sie berichtete von einer ganzen Reihe psychosomatischer Beschwerden: Schlafstörungen, Magendarm-Beschwerden, nächtlichen Schweißausbrüchen, Herzrasen und Schwindel. Allein den Termin zu vereinbaren kostete sie enorm viel Kraft.

6 Hammel, Seminargespräch 2020.

Als sie dann erschien, erzählte sie, dass sie sich in ihrer Firma in einem Trainingsprogramm für junge Führungskräfte befinde und alle paar Monate eine neue Abteilung kennenlerne. Auf der letzten Station sei sie von ihrem dortigen Vorgesetzten systematisch gemobbt worden und hätte ihm nichts recht machen können. Außerdem sei sie in einer Beziehung zu einem Kollegen, für den sie sich von ihrem Freund getrennt habe. Auch der Kollege hätte versprochen, sich von seiner Frau zu trennen, dieses Versprechen nach mittlerweile vier Jahren noch immer nicht eingelöst. Mit 21 Jahren hatte sie ihren Vater während einer schweren Krankheit gepflegt, weil sich ihre Mutter dazu nicht in der Lage sah. Während dieser Zeit war der Vater unerwartet verstorben. Sie vermutete, dass es ihr auch deshalb so schwerfalle, sich von ihrem Kollegen zu trennen, obwohl ihr die Beziehung nicht guttue. In den letzten Monaten sei ihr Zustand immer schlimmer geworden und es seien mehr und mehr Beschwerden hinzugekommen, inzwischen habe sie Mühe, überhaupt aus dem Bett zu kommen, und erkenne sich nicht wieder. Nach dem Tod ihres Vaters sei sie in therapeutischer Behandlung gewesen. Auch in letzter Zeit habe sie mehrfach therapeutische Hilfe gesucht, allerdings ohne Erfolg.

Auf die Frage, was für sie denn das bestmögliche Ergebnis unserer Zusammenarbeit wäre, antwortete sie, dass sie wieder funktionieren und sich wie sie selbst fühlen wolle. Ich erklärte ihr, wie ich arbeite, und sagte ihr, dass ich ihre Symptome gut verständlich fände und diese für mich eine angemessene Reaktion ihres Köpers und ihrer Seele auf die geschilderten Belastungen seien. Anschließend fragte ich sie, ob sie bereit wäre, auch ein paar ungewöhnliche Dinge auszuprobieren, die vielleicht seltsam anmuteten, aber ungemein hilfreich seien. Als sie bejahte, bat ich sie, die Frau Müller, der es gerade so schlecht geht, in Gedanken auf einen anderen Stuhl zu setzen. Dann ließ ich sie mir von ihr beschreiben. Wie zu erwarten, saß die gedankliche Kopie von ihr zusammengekrümmt, atmete flach, fühlte sich verzweifelt und einsam. Als ich fragte, wie alt die Frau Müller, die dort sitze, sei, sagte sie: 21 Jahre. Ihr wurde deutlich, dass dieser Teil von ihr ihr Mitgefühl verdiente und keinen Zorn, weil er nicht »funktionierte«. Sie hatte erwähnt, dass sie ein Einzelkind sei und sich immer eine Schwester gewünscht habe. Deshalb bat ich sie, in Gedanken die beste Schwester, die sie hätte sein können, als Klon aus sich heraustreten zu lassen, um die 21-Jährige zu trösten. Auf die Frage, wie das für die 21-Jährige sei, sagte sie unter Tränen, dass sie nicht mehr so einsam sei.

Bei Menschen, die Kinder haben, bietet es sich an, die liebevollste Mutter oder den liebevollsten Vater, der sie sein können, als Unterstützung zu dem leidenden Teil zu schicken. Alternativ lässt sich das auch mit der besten Freundin oder dem besten Freund machen. Das ist in der Regel für die Betreffenden sehr bewegend und entlastend. Zugleich macht es deutlich, dass viele Menschen mit sich selbst in einer Art und Weise reden und umgehen, die sie ihren Kindern oder guten Freunden nie antun würden.

Ich fragte Frau Müller, ob wir noch jemanden aus ihr heraussetzen sollten, wo wir gerade dabei wären. Sie sagte, dass es da diese Stimme gebe, die immer wieder sage, dass könne doch alles nicht wahr sein. In Gedanken setzte sie sie in eine Ecke des Zimmers auf den Boden. Es zeigte sich, dass es sich um ein kleines Mädchen im Alter von drei bis fünf Jahren handelte, voll ohnmächtiger Wut. Wir überlegten, in welchen Situationen diese Wut eine angemessene und lebenswichtige Reaktion war und ob die Wut nicht auch ihrem Ausbilder und ihrem Kollegen gegenüber angebracht sei. Nachdem sie das wütende kleine Mädchen aus sich herausgesetzt hatte, wurde sie spürbar ruhiger. Die Frage, ob es noch jemanden gebe, den sie raussetzen wolle, verneinte sie.

Als Nächstes bat ich sie, sich in Gedanken aus dem Raum der guten Möglichkeiten die Frau Müller vorzustellen, die ihre Probleme in einer guten Art und Weise gelöst und wieder Boden unter den Füßen hat, sich in ihrem Körper wohl fühlt und wieder ganz sie selbst ist. Nachdem sie sich einen Stuhl für sie ausgesucht hatte, beschrieben wir gemeinsam, wie diese Kopie von ihr dort sitzt, atmet und welche Gedanken ihr durch den Kopf gehen. Dabei huschte ein Lächeln über Frau Müllers Gesicht und sie entspannte sich. Ich ließ Frau Müller auf diesen Platz wechseln, nicht ohne sie darauf aufmerksam zu machen, dass es dort noch einmal deutlich anders sein werde als in ihrer Vorstellung, und ließ mir beschreiben, was dort alles anders sei. Anschließend erzählte ich ihr die Geschichte von den Horizonten und wir holten gemeinsam die Frau Müller in den Raum, der es gefühlt schon seit vielen Jahren wieder richtig gut geht, auch wenn sie sich noch an die schweren Zeiten erinnern kann. Als sie auf diesen Platz wechselte, war sie wie verwandelt und meinte erstaunt, das glaube sie jetzt nicht. Ich versicherte ihr, dass sie das alles selbst gemacht habe und ich ihr nur geholfen hätte, die Aufmerksamkeit in eine andere Richtung zu lenken. Wir redeten dann über Skeptiker, und die Geschichte mit den halbgeschorenen Schafen quittierte sie mit einem Lachen.

Ich erklärte ihr, dass in der Regel nicht 100% der Wirkung einer solchen Sitzung bestehen blieben, sondern oft nur 80, 90 oder 95%. Sie müsse auch mit Ehrenrunden rechnen, es werde aber auf keinen Fall wieder so wie vorher. Wir vereinbarten vorsichtshalber einen neuen Termin und sie versprach, mir nach ein paar Tagen eine E-Mail zu schreiben. Immer noch ungläubig erstaunt verabschiedete sie sich.

Etwa eine Woche später bekam ich eine E-Mail, in der sie schrieb, dass es ihr in den ersten Tagen so gut wie schon lange nicht mehr gegangen sei. Allerdings habe sie an einer internen Fortbildung teilgenommen, bei der ein Teilnehmer positiv auf Covid-19 getestet wurde, so dass alle Anwesenden in Quarantäne mussten. Eigentlich habe sie seit Langem das erste Mal wieder am Wochenende etwas unternehmen wollen und jetzt sitze sie in ihrer kleinen Wohnung und es gehe es ihr wieder schlecht, wenn auch nicht so schlecht wie vorher. Ich antwortete ihr, dass es mich gewundert hätte, wenn es ihr unter diesen Umständen so gut wie vorher gegangen wäre. Die Quarantäne hatte den Einsatz im Spiel erhöht. Stefan Hammel rät, sich grundsätzlich nach äußeren Veränderungen zu erkundigen, wenn Klienten berichten, dass sich durch die Therapie nichts verändert habe oder der Zustand wieder schlechter geworden sei. Wenn man plausibel machen kann, dass es nicht das »Versagen« des Klienten sei, dass es einen Rückfall gegeben habe, sondern die äußeren Bedingungen schwieriger geworden seien, erleichtert es dem Klienten, damit umzugehen, sich nicht dafür zu verurteilen, und häufig auch, sich aus eigener Kraft wieder herauszuarbeiten.

Im Lauf der Zeit gelang es Frau Müller immer besser und schneller, sich nach Ehrenrunden wieder in eine gute Verfassung zu bringen. Bei einem späteren Online-Treffen erzählte sie, dass es immer noch diese innere Stimme, ihren Quälgeist, gebe, der ihr regelmäßig sage, dass sie sowieso nichts könne, sie nie den richtigen Partner finden und nie eine eigene Familie haben werde. Auf die Frage, wohin sie ihren Quälgeist in Gedanken denn stellen könnte, wenn er aus ihrem Kopf herauskäme, sagte sie: »So weit weg, dass ich ihn nicht mehr sehen kann.« Wir entschieden uns, ihn vor die Wohnungstür zu stellen, und ich überlegte gemeinsam mit ihr, was die gute Absicht ihres Quälgeistes sein könnte. Schnell wurde klar, dass eine gute Absicht darin bestehen könnte, sie vor Enttäuschung zu bewahren, und ich fragte sie, ob ihr Quälgeist damit einverstanden wäre, ihr Bodyguard zu werden, um sie vor den falschen Männern zu beschützen. Sie lachte und war damit einverstanden. Da wir vorher über metaphorische Beschreibungen geredet hatten, sah sie vor ihrem inneren Auge ein Erdmännchen, dass vor ihrer Tür Wache hielt. Ich fragte, ob es in Ordnung sei, das Erdmännchen in 24 Erdmännchen zu klonen, damit sie sich abwechseln könnten und jedes nur eine Stunde Wache halten müsse, während die anderen schlafen oder spielen könnten, und sie stimmte zu. Außerdem schlug ich ihr vor, sich ein kleines Stofftier-Erdmännchen als Erinnerungsanker zu besorgen, was sie sofort tun wollte.

Stefan Hammel nennt die negativen Stimmen und Symptome »umständliche« oder »belastete Leute« und unterscheidet folgende Kategorien:[7]

1. *Leibwächter:* Wenn sich Stimmen oder Symptome nicht heraussetzen lassen, kann man davon ausgehen, dass es sich um Leibwächter handelt. Als Ausgangssituationen lassen sich fast immer Angst, Wut, Kampf- oder Fluchtreflexe und körperliche Abwehr rekonstruieren, sowie jede Form von Traumareaktion. Bei Leibwächtern hilft es, sie zu informieren, dass man nicht gegen sie arbeiten wird, weil man dasselbe Ziel verfolgt, den Klienten vor Schaden zu bewahren. Leibwächter werden hilfreich, wenn es gelingt, die gute Intention von Symptomen zu würdigen, Leibwächter nachzuschulen oder sie neu zu beauftragen als Innenminister, Sicherheitsminister, Gesundheitsminister, Kommunikationsminister o.Ä.

2. *Skeptiker:* Anlass, sich mit Skeptikern zu beschäftigen, sind alle Arten von impliziten oder expliziten Einwänden gegen den Therapieerfolg, der sich in Sätzen ausdrückt wie: »Es wäre schön, wenn es so bliebe.« »Im Moment ist es gut.«

7 Vgl. Hammel 2019, S. 171ff.

Neben der oben beschriebenen Vorgehensweise, die Skepsis humorvoll zu untergraben, hilft es auch, Skeptiker zu Beobachtern zu ernennen, die nicht intervenieren, oder zu Ministern für Zuversicht. Ein Sonderfall der Skeptiker sind Perfektionisten, die akribisch darauf achten, ob sich auch wirklich ein vollständiger Therapieerfolg einstellt oder ob nicht doch eine Restsymptomatik bleibt. Bei ihnen hilft es, sie liebevoll als »Vollkommenheitsliebende«, »Sorgfältige« oder »Gründliche« zu reframen und ihnen die Aufgabe zu übertragen, die Lösung zu perfektionieren, indem sie z.B. beauftragt werden, denjenigen, der noch einen Rest des Problems verspürt, herauszustellen und dann den mit dem Rest vom Rest usw., bis in alle Ewigkeit.

3. *Lästerer:* Lästerer sind all die Stimmen im Kopf, mit denen Menschen sich selbst abwerten. In der Regel entstehen sie, wenn in Familien Nullsummenspiele gespielt werden, d.h. wenn Familienmitglieder andere abwerten, um sich selbst aufzuwerten. Gleichzeitig halten viele Menschen an diesen Introjekten fest, um die Zugehörigkeit zu den lästernden Personen nicht aufzugeben. Hier kann leicht plausibel gemacht werden, dass, wenn sich jemand selbst beschimpft, mindestens zwei Seiten im Spiel sind: eine, die schimpft, und eine, die beschimpft wird. Oft wird den abwertenden Stimmen schon dadurch ein Stück ihrer Macht genommen, dass sie bewusst gemacht und aus dem Klienten herausgestellt werden. Wenn Menschen sich regelmäßig massiv selbst abwerten, kann es auch hilfreich sein, den Chor der negativen Stimmen so zu übertreiben, dass ihre Lächerlichkeit sichtbar wird. Es kann vereinbart werden, dass sie alles sagen dürfen, aber mit einer Heliumstimme, oder man kann gedanklich ein Casting veranstalten, bei dem die negativen Stimmen ihr Bestes geben müssen. Jede Stimme hat eine Minute und bereitet sich optimal vor. Es empfiehlt sich, in diesem Fall einen Wecker zu stellen. Vor allem ist aber auch hier die

gute Absicht hinter den negativen Stimmen zu suchen und zu würdigen.

4. *Arme Wesen:* Arme Wesen sind die Kehrseite der Lästerer, ängstliche, verschreckte, zögerliche oder ähnliche Seiten, die von den Klienten abgewertet werden. Hier hilft die Würdigung dessen, was diese Seite – und damit der Klient – erlitten haben muss, um so zu reagieren, und diesem Anteil eine liebevolle Person zur Seite zu stellen, wie in dem Beispiel mit der liebevollsten Schwester oben beschrieben.

5. *Familienangehörige:* Bis zu einem gewissen Grad können auch Beziehungen zu nicht anwesenden Personen transformiert werden, indem man erklärt, dass es Menschen immer in einer doppelten Form gibt: einmal den realen Menschen und dann das Bild, das wir uns von diesem Menschen in unserem Kopf machen. Den realen Menschen können wir nicht ändern, das Bild in unserem Kopf jedoch sehr wohl. So kann z.B. der gewalttätige Vater aus dem Kopf der Klientin geholt und verändert werden. Anders als in der Gestalttherapie wird dabei nicht eine reale Person fiktiv in den Raum geholt, sondern das Bild aus dem Kopf der Klientin, was eine mehrfache Dissoziation darstellt und zugleich einen deutlichen Unterschied für die eigene Gestaltungsfähigkeit bedeutet. Diese Person aus dem Kopf lässt sich in ihre positiven und negativen Anteile aufteilen. Man kann z.B. aus einem Elternteil dessen frühere Belastungen herausstellen und sich vorstellen, wie die Mutter oder der Vater den Klienten anschauen würden, wenn sie diese Belastungen nicht erlebt hätten. Oder die Person geht auf eine fiktive Himmelsreise[8], bei der sie Gott, Jesus und allen Heiligen begegnet und alle Zeit der Welt hat nachzureifen. Erstaunlicherweise verändert das in der Regel auch die realen Begegnungen mit der entsprechenden Person.

8 Vgl. Hammel 2019, S. 167.

6. *Körpersymptome:* Wenn Menschen sich während einer Therapiestunde die Augen reiben oder mit belegter Stimme sprechen, ist es auch möglich, diejenigen mit den entsprechenden Symptomen herausstellen. Dasselbe gilt für den, der diese allergische Reaktion zeigt, oder den mit dem Jucken oder den Schmerzen etc. Wenn die herausgestellten Personen dann beschrieben werden, liefert das zumeist Hinweise auf den Kontext, in dem das Symptom entstanden ist. Auch hier hilft die Aufteilung in die gute Intention und die schlechte Strategie. Anschließend können die Personen ohne die Symptome wieder hereingeholt werden.

7. *Fabelwesen:* Auch die metaphorischen Beschreibungen von Klienten lassen sich gut in das Stühlespiel integrieren. Man kann den »Angsthasen«, »Eisklotz« oder »Drachen« auf einen anderen Stuhl setzen und den Angsthasen vom Mut-Hasen lernen lassen oder die metaphorischen Wesen auf andere Weise transformieren.

8. *Vorfahren:*[9] Erstaunlich oft bringt das therapeutische Modellieren Phänomene zum Vorschein, die auf transgenerationale Belastungen hinweisen. Wenn z.B. aus einer Klientin eine auffällig große Anzahl von Traurigen herausgestellt werden kann, weil es viele Anlässe gibt, wird oft deutlich, dass nicht alle zu ihr gehören. Das zeigt sich z.B. daran, dass die herausgestellten Personen deutlich anders aussehen als die Klientin, älter sind als sie oder ein anderes Geschlecht haben. Fragt man nach, ob diese Personen zu ihr gehören oder jemand anderes sind, zeigt sich oft ein intuitives Wissen, ob diese Person zur väterlichen oder mütterlichen Generationslinie gehört und um wen es sich handelt. Gesichtslose Personen weisen oft auf Frühverstorbene, Abgetriebene oder andere Vorfahren, die dem Vergessen überantwortet wurden. Herausgesetzten Vorfahren kann man vorschlagen, Schutzheilige zu

9 Hammel, Seminargespräch 2020.

werden. Früh verstorbenen Geschwistern kann man anbieten, ihnen Augen und Ohren zu leihen, sie mitzunehmen und ihnen die Welt zu zeigen. Wenn herausgestellte Personen früherer Generationen schwere Traumatisierungen erlitten und sie an die nachfolgenden Generationen weitergegeben haben, kann man sie fragen, ob das ihre Absicht war, und sie bitten, stattdessen ihre Nachkommen zu segnen. Ob den aus dem Kopf der Klienten herausgestellten Vorfahren reale Vorfahren in der Vergangenheit entsprechen, ist schwer zu sagen und bedürfte gesonderter Nachforschungen. Auffällig ist jedoch, dass die Beschreibungen bei den Klienten ein starkes Gefühl von intuitivem Wissen auslösen.

Wenn Menschen in Sekten gefangen waren oder in strengen religiösen Gemeinschaften aufgewachsen sind und nach wie vor unter der religiösen Verurteilung leiden, kann es ratsam sein, Jesus aus ihrem Kopf zu holen und ihn in den Jesus aufzuteilen, der in ihrer Gemeinde gepredigt wurde, und den Jesus, der vor 2000 Jahren auf der Erde gelebt hat.

Die inneren Stimmen aus dem Kopf von Klienten herauszuholen, sie metaphorisch zu transformieren und zu fraktionieren, all das schwächt ihre destruktive Kraft. Es hilft den Klienten, sich in eine andere Beziehung zu ihnen zu setzen und mit diesen Stimmen spielerisch und konstruktiv umzugehen. Am Ende lassen sich herausgestellte Leute in Urlaub schicken oder man kann sie wie Flaschengeister sich auflösen lassen. Frei nach dem Märchen *Aladin und die Wunderlampe* kann man sie sagen lassen: »Du hast mich entkorkt. Du hast mich befreit. Jetzt kann ich in mein Reich zurückkehren, und du kannst mich rufen, wenn du mich brauchst. Und wenn du mich nicht brauchst, rufst du mich nicht, und wenn du mich nicht rufst, brauchst du mich nicht.«

Auch für »hilfreiche Leute«, die auf die beschriebene Art und Weise erst in den Raum und dann in das Leben eines Klienten geholt werden können, benennt Stefan Hammel unterschiedliche Kategorien:[10]

1. *Hilfreiche Leute von früher*: Wenn das Ziel einer Therapie oder Beratung darin besteht, sich wie früher zu fühlen, lässt sich die Person von damals auf einem Stuhl imaginieren und beschreiben. Nachdem der Klient auf diesem Stuhl Platz genommen und sich mit dem Guten von früher aufgetankt hat, kann er das Beste davon mit in die Zukunft – also seine aktuelle Gegenwart – nehmen und dabei die Ressourcen aus der Vergangenheit mit den Ressourcen aus der Gegenwart verknüpfen.

2. *Hilfreiche Leute aus der guten Zukunft*: Wenn eine schwierige Zeit, eine Operation, eine Scheidung oder ein anderes belastendes Ereignis bevorsteht, kann eine Version des Klienten aus der guten Zukunft in den Raum geholt und die gute Zukunft – wie im vorherigen Absatz geschildert – in die Gegenwart gebracht werden. Dazu lässt sich erklären, dass die Zukunft nicht feststeht, es also ganz unterschiedliche Zukünfte gibt, nicht nur schlechte, sondern auch gute, weshalb nichts dagegenspricht, die beste Zukunft in die Gegenwart zu holen.

3. *Hilfreiche Leute aus der Welt der Möglichkeiten*: Diese ist vermutlich die häufigste und einfachste Version von hilfreichen Leuten und wurde oben mehrfach beschrieben.

4. *Hilfreiche Leute, die sich ohne Schmerz erinnern können*: Statt Schmerz lassen sich auch andere negative Empfindungen einsetzen: Die, die ohne X und stattdessen mit Y an Z denken können. Also z.B.: diejenige, die sich mit bemerkenswerter Neugier und Gelassenheit an das damalige schlimme Ereignis und alles, was damit zusammenhängt, erinnern

10 Vgl. Hammel 2019, S. 215ff.

kann. Das ist insbesondere bei Traumatisierungen oder Zwangsstörungen nützlich, weil es hilft, den Erinnerungsfilm vom Körpererleben und den Emotionen zu trennen.

5. *Leute, denen es gut geht, besser als für möglich gehalten*: Es lassen sich auch Kopien eines Klienten in den Raum holen, denen es besser geht, als je für möglich gehalten. Allerdings wechseln Klienten nach Beobachtung von Stefan Hammel nur dann ohne inneren Widerstand auf diesen Platz, wenn entsprechend strategisch formuliert wird: »Angenommen, aus dem Reich der Möglichkeiten kommt der Herr Schulz, dem es besser geht, als Sie es bisher für möglich gehalten hätten, und den es gar nicht stört, dass derjenige, der Sie vorher waren, nicht an ihn geglaubt hat.« Wird dagegen ohne Dissoziation in die Vergangenheit, Irrealität und in der 3. Person formuliert, »eine Person, der es besser geht, als Sie es für möglich halten und an die Sie nicht glauben«, zögern Klienten, sich auf diesen Platz zu setzen. – Ein solches Vorgehen ist vor allem dann sinnvoll, wenn der Therapeut für den Klienten mehr Hoffnung hat, als dieser für sich selbst. Manche Menschen haben gelernt, nicht allzu viel vom Leben zu erwarten oder sich mit Belastungen abzufinden. Wenn Menschen sagen, sie können eine solche Person nicht vor ihrem inneren Auge sehen, kann man sagen: »Das macht gar nichts. Wie vermuten Sie denn, dass sie aussieht?«

6. *Leute, die du sein könntest, wenn all das nicht passiert wäre*: Wenn sich Belastungen oder auch ein Gefühl von Unwillkommensein durch das ganze Leben ziehen, kann man Menschen einladen, die Kopie von sich aus dem Raum der guten Möglichkeiten auf einen Stuhl zu setzten, die sie geworden wären, wenn es all das Schlimme in ihrem Leben nicht gegeben hätte. Auch hier sagen Menschen oft, sie können sich das nicht vorstellen, und man kann sie bitten, Vermutungen darüber anzustellen, was für ein Mensch sie geworden wären, wenn Sie all das nicht hätten erleben

müssen. Dann kann man diese fiktive Person gemeinsam beschreiben und anschließend behaupten, dass sie diese Version von sich spüren können – und dann auch sind, wenn sie auf diesen Platz wechseln, selbst dann, wenn sie sie nicht sehen können.

7. *Die gute Mutter in dir*: Viele Menschen bemühen sich, eine möglichst gute Mutter oder ein möglichst guter Vater für ihre Kinder zu sein. Und oft schaffen sie das auch. In der Regel gehen sie liebevoller mit ihren Kindern um, als mit ihnen als Kind umgegangen wurde. Deshalb ist es oft sehr bewegend, wenn die beste Mutter oder der beste Vater, die sie sein können, aus ihrem Kopf in den Raum geholt und dem Klienten an die Seite gestellt wird. Das kann bedeuten, dem Klienten selbst die beste Mutter oder den besten Vater an die Seite zu stellen, sie zu einem armen Wesen aus ihrem Kopf zu schicken oder in die Vergangenheit zu dem Kind, das sie früher einmal waren.

8. *Hilfreiche Vorfahren*: Wenn Menschen von ihren Eltern wenig Unterstützung erfahren haben und es um Themen wie Beistand, Zugehörigkeit, Schutz, Willkommensein, Einsamkeit, Depression oder Trauer geht, kann es hilfreich sein, Großeltern, Urgroßeltern oder weitere Ahnen herbeizurufen, auch wenn der Betreffende sie nie kennengelernt hat. Stefan Hammel schlägt vor, das mit alter Stammeslogik plausibel zu machen, in der die Älteren Vorrang haben:[11] »Wenn Ihre Eltern mit ihrer Meinung über Sie wichtig sind, dann sind ihre Großeltern wichtiger und die Eltern der Eltern der Eltern noch wichtiger. Gehen Sie so weit zurück, bis Sie Vorfahren finden, die gut über Sie denken, die sich freuen, dass es Sie gibt, und die Sie unterstützen und willkommen heißen.« Eine Klientin antwortete auf die Frage, wie weit man zurückgehen müsse, um unterstützende Vor-

11 Vgl. Hammel 2019, S. 254.

fahren zu finden: »Bis in die Steinzeit.« Nach der Stammeslogik sind die Ahnen aus der Steinzeit nicht nur wichtiger, es sind auch zahlenmäßig unglaublich viele.

9. *Der, der schon sieben Horizonte weiter ist*: Ist die Idee des Horizonts hinter dem Horizont erst einmal eingeführt, lässt sie sich problemlos ausbauen und zur weiteren Stabilisierung des Erreichten verwenden. So kann man aus dem Raum der Möglichkeiten die Kopie des Klienten holen, die schon sieben Horizonte weiter ist. Gemeinsam kann sie beschrieben werden, bis der Klient auf diesen Platz wechselt und selbst zu dem wird, der schon sieben Horizonte weiter ist. Erfahrungsgemäß beschleunigt und verstärkt sich der Prozess in dem Maße, in dem der Klient auf den ersten Stühlen spürt, dass das Stühlespiel funktioniert.

Therapeutisches Modellieren arrangiert innerpsychische Vorgänge neu. Es führt plastisch vor Augen, wie wirksam das Trennen von Problemen, das Verknüpfen von Lösungen und das Transformieren von Problemen in Lösungen ist. Es gibt der Hoffnung einen Platz und lässt sich spielerisch mit allen anderen in diesem Buch vorgestellten Interventionsformen verbinden.

Zur Vertiefung

- Stefan Hammel, Lebensmöglichkeiten entdecken. Veränderung durch Therapeutisches Modellieren, Stuttgart 2019.
- Stefan Hammel, Therapeutisches Modellieren – Gesamtset. Originalvorträge auf 16 DVDs, Mühlheim/Baden 2017.

16. Grüßen Sie Ihre Seele – Kurzinterventionen in drei Sätzen[1]

Wenn ihr aber in ein Haus geht, so grüßt es;
und wenn es das Haus wert ist, kehre euer Friede dort ein.
Matthäus 10,11-12a (Lutherbibel 2017)

Eine Kollegin erzählte mir, dass kürzlich bei ihr eingebrochen wurde, während sie im Garten arbeitete. Jetzt bekomme sie jedes Mal Herzrasen, wenn es an der Tür klingele. Sie wisse, dass das Unsinn sei, aber sie könne es nicht abstellen. Ich fragte sie, ob ich ihr eine kurze Intervention anbieten dürfe. Sie bejahte und ich bat sie, einen Gruß an ihr Herz zu bestellen. »Sag doch bitte deinem Herzen einen schönen Gruß. Es ist völlig in Ordnung, dass es sich so aufregt und gut auf dich aufpasst. Und bitte es doch, dies noch genauer zu tun und immer nur dann heftig zu schlagen, wenn genau derselbe Einbrecher an genau demselben Tag kommt.« Sie lachte und versprach, es auszurichten. Daraufhin verschwand das Herzklopfen.

Grüße sind eine wache Form der Ultrakurz-Hypnose. Sie können an die Seele, das Gehirn, das Unbewusste, das Schlaf-Ich, ein Körperteil oder auch an den Schmerz, die Angst oder die Allergie ausgerichtet werden. Entscheidend ist dabei, dass sich die Grüße an eine Instanz in der 3. Person richten und vom Ich des Klienten nur überbracht werden. Das Unbewusste bzw. der Körper werden gebeten, sich des Problems anzunehmen und es zu lösen. Suggestionen, die in der 2. Person formuliert werden, stoßen häufig auf den Einwand, so einfach ginge das nicht. Und dieser Einwand ist berechtigt. Wenn ich zu meiner Kollegin gesagt hätte, *sie*

1 So der Titel des gleichnamigen Buches: Hammel 2017.

könne ihren Herzschlag regulieren und dafür sorgen, dass ihr Herz nicht mehr ängstlich schlägt, hätte sie mit Recht widersprochen. Wir können unseren unwillkürlichen Prozessen keine Befehle erteilen, das zeigt die Alltagserfahrung. Grüße an die Seele sind eine elegante Form, sich direkt an das Unbewusste zu wenden. Zugleich wird Grüßen in der Regel nicht widersprochen. Sie verändern die Beziehung zum Problem. Oft werden sie mit einem Schmunzeln quittiert, und das Unbewusste bzw. der Körper setzen sie mit großer Zuverlässigkeit um.

Der oben erwähnte Gruß an das Herz der Kollegin folgt der Idee, Leibwächter nachzuschulen, die im folgenden Kapitel ausführlich erläutert wird. Die Annahme ist, dass das Unbewusste die Kollegin vor einer bedrohlichen Situation, wie es der Einbruch war, schützen will. So etwas soll nie wieder geschehen. Da der Einbruch unbemerkt in einer Alltagssituation geschah, gab ihr Körper jetzt in Alltagssituationen Alarm. Indem ihr Herz bzw. ihr Unbewusstes in seinem Bemühen, sie zu schützen, gelobt und gleichzeitig gebeten wird, das noch exakter zu tun, wird suggeriert, dass nur noch bei einem Einbruch, der genauso abläuft, Alarm gegeben werden muss.

Grüße sind besonders dort effektiv, wo ein leidvolles, unwillkürliches Erleben vorherrscht, das nicht ohne Weiteres veränderbar scheint. Sie können die Effektivität der Therapie erhöhen oder vor Re-Traumatisierungen schützen: »Richten Sie Ihrem Unbewussten bitte aus, wir gehen nur an Orte, wo Sie sich genügend sicher und wohl fühlen. Wir gehen *nicht* an Orte, wo etwa Angst oder Erstarrung wäre. Das wird hier nicht gebraucht. Können Sie das Ihrem Unbewussten sagen? Meinen Sie, es ist damit einverstanden?«[2] Ebenso kann man

2 Ebd., S. 65.

die Trauer bitten, die Liebe vom Schmerz zu trennen: »Richten Sie bitte der Trauer aus: Die Größe der Liebe braucht nicht proportional zur Größe des Schmerzes zu sein. Sie können viel geliebt haben und all ihre Werte würdigen, *ohne* entsprechend zu leiden. Ihr Inneres kann also die gute Intention der Trauer vom Schmerz unterscheiden. Wie ist das für Sie?«[3] Man kann dem Kopfschmerz einen Gruß bestellen und ihn bitten, im großen Zeh zu warten, oder ein Körperteil von einem anderen grüßen und ihn bitten, von dem anderen zu lernen, wie er sich schmerzfrei bewegen kann.

Als meine Tochter mit einer Hausarbeit in ihrem Studienfach kämpfte, meinte sie irgendwann seufzend: »Ich stehe mir selbst im Weg.« Ich sagte: »Wenn du magst, bestelle doch deinem Gehirn einen schönen Gruß und bitte den Teil, der im Wege steht, einen Schritt beiseitezutreten.« Das tat sie und konnte die Arbeit nach kurzer Zeit beenden.

Grüße lassen sich auch nutzen, um vorbewusste Anker zu setzen. Das ist besonders hilfreich, wenn es um Verhalten im Schlaf geht, das wir nicht bewusst steuern können, oder um das Verhindern von starken Trigger-Reaktionen, die die Betreffenden so überfluten, dass sie kaum noch reagieren können. Bei Schlafapnoe und anderen nächtlichen Atemaussetzern kann man dem Gehirn oder dem Schlaf-Ich Grüße ausrichten und es bitten, bei den allerersten Anzeichen von flachem oder unregelmäßig werdendem Atem ein paar tiefe Atemzüge zu nehmen und dann entspannt weiterzuatmen. Auch andere Schlafstörungen lassen sich gut mit Grüßen behandeln. So kann man das Gehirn bitten, bei den allerersten Anzeichen von Alpträumen für einen entspannten Muskeltonus und eine ruhige Atmung zu sorgen oder bei den ersten Anzeichen von nächtlichem Erwachen für besonders tiefen

3 Ebd., S. 96.

Schlaf. Das ist besonders bei der Behandlung von Depressionen hilfreich, da diese in der Regel mit Schlafstörungen einhergehen und deutlich abnehmen, sobald der Schlaf besser wird. Wenn Menschen von bestimmten Trigger-Reizen überflutet werden, kann man dem Gehirn Grüße ausrichten, damit es bei den ersten vorbewussten Anzeichen eine andere Reaktion zur Verfügung stellt.

Natürlich lassen sich auch Grüße bestellen, ohne das Wort zu benutzen: »Könnte dein Arm vielleicht für dich …« »Ich wünsche deinem Blutdruck, dass er mal durchatmen kann.« »Vielleicht kann Ihr Atem ja mal …« »Angenommen, dein Gehirn kann sich entspannen …«

Die hier vorgestellten Grüße folgen der Logik von »Probleme trennen«, »Lösungen verknüpfen« und »Probleme transformieren«. Sie lassen sich in alle in diesem Buch beschriebenen Vorgehensweisen integrieren und auch in Alltags- oder Tür- und Angelgesprächen gut anwenden. Dann ist gegebenenfalls noch ein Hinweis nötig, der die Plausibilität des Grußes unterstützt.

Grüße weisen eine strukturelle Ähnlichkeit zu Gebet und Segen auf. Sie wenden sich an eine dritte Instanz, von der man erwartet, dass sie Einfluss auf ein Problem nehmen kann. Grüße können auch als Gebete formuliert werden oder Gebete im Stil von Grüßen. Oder man kann Menschen himmlische Begleiter mitgeben: »Ich schicke dir einen Engel, der …« Ob man das als spirituelle Praxis oder als mentales Arrangement betrachtet, bleibt dabei eine Frage der Sichtweise.[4]

Zur Vertiefung

- Stefan Hammel, Grüßen Sie Ihre Seele! Therapeutische Interventionen in drei Sätzen, Stuttgart 2017.

4 Vgl. Ebd., S. 38.

17. Das Schwere leichter machen – Vom Umgang mit Trauer, Trauma und Depression

Die Engel fragten Maria: »Frau, warum weinst du?«
Maria antwortete: »Sie haben meinen Herrn weggenommen.
Und ich weiß nicht, wo sie ihn hingelegt haben!«
Johannes 20,13 (BasisBibel)

Viele der hier beschriebenen Techniken und Grundhaltungen sind hilfreich im Umgang mit Trauer, Trauma und Depression. Während einem in der Seelsorge oft Menschen in Trauerprozessen begegnen, sind es in einem therapeutischen Kontext eher Menschen mit Depression. Der Übergang von Trauer zu Depression ist fließend. Häufig schlägt Trauer in Depression um, wenn Erfahrungen traumatisch verarbeitet werden. Natürlich ist Trauer keine Krankheit, aber wenn sie in großer Einsamkeit erlebt wird und es keine Zukunftsperspektive gibt, kann daraus ein depressives Erleben werden, vor allem wenn der aktuelle Verlust ältere Erfahrungen von Verlassenheit und Ohnmacht reaktiviert.

Aus hypnosystemischer Sicht ist Trauer ein seelischer und körperlicher Lösungsversuch. Die beste Lösung für die Trauernden bestünde darin, den Tod des geliebten Menschen ungeschehen zu machen. Dass dies nicht möglich ist, wissen die Betroffenen selbst; dennoch ist es genau das, was sie sich im tiefsten Herzen wünschen. Nur wenn diese Sehnsuchtslösung gewürdigt wird, ist es möglich, an zweitbesten Lösungen zu arbeiten. Diese bestehen einerseits darin, mit dem Verlust leben zu lernen, und andererseits im Gestalten einer weitergehenden, inneren Beziehung zu dem Verstorbenen. Dabei ist immer wieder zu betonen, dass es sich um erzwungene Lösungen handelt.

Roland Kachler, Theologe und Psychotherapeut, war bereits viele Jahre als Paartherapeut und Trauerberater tätig, als er seinen 16-jährigen Sohn durch einen Unfall verlor. In seinem Leiden stellte er fest, dass die gängigen Formen der Trauerberatung und Therapie für ihn nicht hilfreich waren. Die Methode des Loslassens, zu der er selbst Klienten geraten hatte, konnte ihm nicht helfen, seinen Schmerz zu überwinden. So suchte und fand er einen neuen Weg in der Trauerarbeit und macht ihn seither durch Bücher und Vorträge bekannt. Mit »Hypnosystemische Trauerbegleitung. Ein Leitfaden für die Praxis« hat er 2010 ein Buch zu den theoretischen Grundlagen seines Ansatzes vorgelegt.[1]

Während in den Vereinigten Staaten bereits seit Längerem unter dem Stichwort »Continuing Bonds« über eine bleibende und hilfreiche innere Beziehung zu den Verstorbenen diskutiert und geforscht wird, ist in Deutschland Trauerberatung vielfach noch von Konzepten geprägt, in denen es darum geht, Abschied zu nehmen und loszulassen. Für Trauernde bedeutet dieser Rat oft, den Verstorbenen ein zweites Mal sterben zu lassen. Hilfreicher ist es, die Trauer als eine Form der Liebe zu beschreiben, die versucht, Kontakt zum Verstorbenen zu halten, und als kreative Beziehungsarbeit, die in der Regel von einer tiefen Loyalität gegenüber dem Verstorbenen geprägt ist. Häufig wird erst im Verlust die Liebe in ihrer ganzen Tiefe erfahrbar. Wird diese Loyalität dem Verstorbenen gegenüber nicht berücksichtigt und wertgeschätzt, erschwert das den Umgang mit Tod und Trauer unnötig.

Dieses Wissen ist in allen religiösen Traditionen verbreitet. In der orthodoxen Kirche werden im Gottesdienst nicht nur Jesus, die Apostel und die Heiligen als Anwesende be-

1 Kachler ^{3}2014. Kachler fasst seine Erfahrungen eindrucksvoll zusammen in dem Interview www.dr-ramadani.de/blog/podcast/podcast-010-trauer-ist-eine-besondere-form-von-liebe-doc-ramadanis-podcast-nr-10 (aufgerufen am 22.12.2021).

grüßt, sondern auch die Verstorbenen der Gemeinde, mit denen gemeinsam gefeiert wird. Auch Jesus argumentiert im Streitgespräch mit den Sadduzäern, die sich über die Auferstehung der Toten lustig machen, so: »Gott ist doch nicht ein Gott der Toten, sondern der Lebenden. Für ihn sind alle lebendig!«[2]

Aus hypnosystemischer Sicht ist es deshalb nicht verwunderlich, sondern im Gegenteil wünschenswert, wenn Menschen mit ihren verstorbenen Angehörigen reden. Mit dem Tod endet die sichtbare, reale Beziehung zu einem Menschen, und es beginnt das unsichtbare gemeinsame Leben. Trauer ist Arbeit an der Beziehung zu dem Verstorbenen und zugleich Transformation dieser Beziehung. Während Trauernde am Anfang oft versuchen, den Verstorbenen verzweifelt zu halten, kann sich die Beziehung hin zu einer sicheren, verbundenen, haltenden und in gewisser Weise leichten Form entwickeln. Dafür ist es wichtig, für den Verstorbenen einen sicheren Ort zu finden, an den der Trauernde ihn gehen lassen kann und an dem er geborgen ist. Solche sicheren Orte können das Grab, der Unfallort, eine bestimmte Parkbank oder Orte in der Natur sein. Aber auch die Erinnerung, der Körper oder die Familie oder der Himmel sind nach Roland Kachler solche Orte.[3] Verstorbene brauchen einen guten, gewürdigten und zugleich begrenzten Platz in der Familie. Letztlich ist Trauer ein Transformationsprozess. Nicht der Verstorbene muss losgelassen werden, sondern die Trauer. Sie kann sich in Wehmut verwandeln. Gleichzeitig wird sie mit vollem Recht zu bestimmten Zeiten oder Jahrestagen zurückkehren.

Für diesen Prozess ist es hilfreich, die positiven von den negativen Seiten der Trauer zu trennen, wie in dem Gruß:

2 Lukas 20,38 (BasisBibel).

3 Kachler [3]2014, S. 150ff.

»Richten Sie bitte der Trauer aus: Die Größe der Liebe braucht nicht proportional zur Größe des Schmerzes zu sein. Sie können viel geliebt haben und all Ihre Werte würdigen, *ohne* entsprechend zu leiden. Ihr Inneres kann also die Liebe in der Trauer vom Schmerz unterscheiden.«[4]

Vielen Menschen gelingt es, aus einem Trauerprozess gestärkt hervorzugehen. Schwierig wird es dann, wenn sie keine Perspektive sehen, die Trauer in Einsamkeit durchlebt werden muss oder wenn frühere traumatische Erfahrungen reaktiviert werden. Ein Trauma kann entstehen, wenn Menschen die Erfahrung einer überwältigenden Bedrohung ihres Lebens machen müssen und sich dabei hilflos ausgeliefert erleben. Das gilt auch, wenn ein Mensch sich mit einem anderen identifiziert, der sich in einer solchen Situation befindet, sei es als Familienangehöriger, Freundin, Zeuge oder Helfer. Traumata können unterschiedliche Ursachen haben: Unfälle, Naturkatastrophen, Todesfälle, Trennungen, Vernachlässigung oder Gewalt. Sie können einmalig oder wiederholt auftreten. Manchen Menschen gelingt es, auch solche Erfahrungen ohne größere Folgeschäden zu verarbeiten und an ihnen zu wachsen. Andere entwickeln posttraumatische Belastungsstörungen mit körperlichen oder psychischen Symptomen. Vermutlich lässt sich sagen: Je früher, anhaltender und intensiver Menschen traumatisiert wurden, desto größer ist die Wahrscheinlichkeit, dass sie auf spätere Bedrohungen oder Verluste mit einer traumatischen Verarbeitung reagieren. Sicherheit und Zugehörigkeit sind entscheidende Grundbedürfnisse, die durch Traumata infrage gestellt werden. Das kann akut durch ein Einzelereignis oder langfristig durch eine Atmosphäre von chronischem Unwillkommensein geschehen, durch Trauer, die in Einsam-

4 Hammel 2017, S. 96.

keit bewältigt werden muss, durch Vernachlässigung oder durch Mobbingstrukturen.

Stefan Hammel vermutet aufgrund der Arbeit mit seinen Klienten, dass den meisten körperlichen und psychischen Problemen traumatische Erfahrungen zugrunde liegen. Wenn Menschen gefragt werden: »Seit wann haben Sie das?« und: »Was war zu dieser Zeit oder in dem halben Jahr davor noch?« oder: »Angenommen, das Symptom wollte Sie vor etwas schützen, was wäre das?«, berichten sie fast immer von einschneidenden Erlebnissen.[5] Oft erweisen sich Symptome so als verständliche Reaktionen auf eine ursprüngliche Bedrohung. In traumatischen Situationen lernt das Gehirn schnell und intensiv, aber auch ungenau. Alles, was mit der ursprünglichen Situation vernetzt war, kann später als Bedrohung erlebt werden. So kann es sein, dass Menschen bei einem bestimmten Geruch in Panik geraten, weil der Täter ein Parfüm trug, oder bei einer bestimmten Farbe, die sie zur Zeit der Tat oder des Unfalls intensiv wahrgenommen haben. Praktisch kann alles zum Trigger werden, wenn es mit der traumatischen Situation vernetzt ist, sogar die Pollen, die zur Zeit der Traumatisierung flogen. Dabei ist den Betroffenen die Ursprungssituation selbst oft nicht mehr bewusst. Es ist, als ob die Seele sagen würde: »Das passiert mir nicht noch einmal. Lieber bekämpfe ich alles, was mich an die damalige Situation erinnern könnte.«

Wenn ein traumatisches Ereignis aus heiterem Himmel kam, z.B. während der Betreffende glücklich war, kann das Unbewusste schlimmstenfalls daraus den Schluss ziehen: Glück führt zu Unglück, Hoffnung zu Enttäuschung und Vertrauen zu Missbrauch. Eine solche Einstellung lässt sich bei Menschen beobachten, die sich mit Händen und Füßen dagegen wehren, glücklich zu sein, weil Glück Gefahr bedeutet.

5 Hammel 2014, S. 22.

Wenn sich Stress oder eine traumatische Belastung nicht angemessen ausdrücken lässt oder nicht gehört wird, tritt das ursprüngliche Ereignis oftmals in den Hintergrund oder wird vergessen. Gleichzeitig sucht sich die Belastung einen symbolischen Ort oder eine körperliche Schwachstelle, um sich auszudrücken. Wenn man so will, geht es in der hypnosystemischen Seelsorge – wie in anderen Therapieformen auch – um Refokussierung und Defokussierung. Es gab einen Auslöser; sobald dieser Auslöser vergessen ist, drücken sich die Symptome in der Seele, dem Körper oder den sozialen Beziehungen des Betroffenen aus. Dann hilft es, die eigentlichen Ursachen bewusst zu machen, die Schwere und den Schmerz zu würdigen und sie dann wieder loszulassen.

Oft hilft es bereits, den Klienten diese Zusammenhänge zu erklären. In dem Maße, in dem es gelingt, die Ausgangssituation zu rekonstruieren, werden Symptome als Schutzmechanismus verstehbar. Dabei ist jederzeit darauf zu achten, dass die Gespräche über das ursprüngliche Trauma nicht wieder in Erstarrung, Panik und eine Re-Traumatisierung führen. Relativ einfach und sicher gelingt das z.B. über Grüße: »Grüßen Sie Ihr Gehirn! Es soll dafür sorgen, dass Sie mit bemerkenswerter Gelassenheit und geradezu positiven Gefühlen an Dinge denken können, die bisher vermutlich äußerst unangenehm waren. Ihr Gehirn kann das. Es ist, als ob das Gehirn sagt: ›Klar, kann ich machen, es hat mich nur noch keiner gefragt.‹«[6] Eine andere Möglichkeit, traumatische Erfahrungen zu bearbeiten, ohne dass der Klient oder die Klientin erneut in die damit verbundenen Zustände gerät, besteht darin, mit Stühlen zu arbeiten, wie in Kapitel 15 beschrieben. Gemeinsam kann überlegt werden, was dem Traumatisierten guttun würde, während dieser auf einem anderen Stuhl sitzt und so vom Ich-Erleben getrennt ist.

6 Hammel 2017, S. 67. Dort finden sich auch weitere Grüße zum Thema.

Wenn Symptome als Schutzmechanismen erfahrbar werden, wird zugleich deutlich, warum sie nicht einfach verschwinden. Sie werden von einem Teil der Seele als überlebensnotwendig angesehen. Ohne sie besteht Lebensgefahr. Deshalb macht es aus hypnosystemischer Sicht keinen Sinn, sie zu bekämpfen. Sehr viel hilfreicher ist es, das Unbewusste zu bitten, den Schutz noch besser und genauer zu organisieren. Stefan Hammel nennt das »die Leibwächter nachschulen«.[7] Man kann diese Instanzen der Seele als Leibwächter ansprechen und sie bitten, ihre Arbeit noch effektiver zu gestalten. Das bedeutet, nur noch in den Situationen Alarm zu geben, die exakt der damaligen Bedrohung entsprechen, also nur noch, wenn derselbe Täter in derselben Kleidung zu derselben Zeit und in derselben Situation angreift. Statt von Leibwächtern lässt sich ebenso gut von Bodyguards oder Schutzengeln sprechen.

Zum Nachschulen der Leibwächter eignen sich Geschichten wie die von den Rittern auf der Burgmauer[8] in Kapitel 13 oder auch die Geschichte von dem Wachhund: Ein Mann kaufte sich ein schönes Haus. Weil er oft auf Reisen war, kaufte er auch einen Wachhund. Eines Tages näherten sich Einbrecher dem Haus, sahen den Wachhund und beschlossen, ihn unschädlich zu machen. Sie besorgten sich ein Betäubungsmittel und spritzten es in ein Stück Fleisch, das sie über den Zaun warfen. Der Hund fraß das Fleisch und schlief ein. Als er wieder erwachte, waren die Einbrecher längst fort, aber der Hund merkte, dass etwas nicht stimmte – und bellte und bellte und bellte. Er bellte immer noch, als der Hausherr von seiner Reise zurückkam. Dieser sah die Spuren des Einbruchs und fand auch Reste des Fleisches. Nachdem er die Schäden am Haus behoben hatte, ging er zu dem Wach-

7 Hammel 2019, S. 171ff, 177ff.

8 S.o. Kapitel 13 und Hammel 2011, S. 71.

hund, der immer noch ganz aufgeregt war. Er nahm ihn in den Arm und redete ihm gut zu, bis er sich beruhigte, weil er wusste, dass er ein guter Wachhund war. Nach ein paar Wochen nahm er ihn mit zur Hundeschule, damit er lernte, von Fremden kein Futter anzunehmen.[9]

Eine wirksame Intervention bei Menschen, die in ihrer Kindheit Gewalt oder Missbrauch durch enge Familienangehörige erfahren haben, ist es, ihr Unbewusstes zu bitten, die Gewalt von der Liebe zu trennen.[10] Menschen mit solchen Erfahrungen weisen in der Regel auch das Gute und die Liebe, die sie in ihrer Kindheit erfahren haben, zurück, um die Gewalt zurückzuweisen. Vermischt ist für sie beides ungenießbar. Der Seelsorger kann ihnen erzählen, das sei, als ob sie gezwungen gewesen wären, eine Mischung aus Erdbeerquark und Jauche zu essen. Niemand würde so etwas tun, es sei denn, es ist die einzige Nahrungsquelle, die zur Verfügung steht. Es gibt jedoch in der chemischen Industrie Anlagen, die in der Lage sind, unterschiedliche Stoffe vollständig bis auf das letzte Molekül zu trennen. Auch die Seele ist dazu in der Lage. Wenn man die Seele bittet, Jauche und Erdbeerquark wie in einer großen chemischen Anlage bis auf das letzte Molekül zu trennen, den Erdbeerquark zu nehmen und die Jauche entweder zu kompostieren, zu entsorgen oder den Erzeugern zurückzugeben, stellt sich oft eine große Erleichterung ein. Eine Frau, der ich das in Trance vorgeschlagen hatte, sagte danach ganz erstaunt zu mir: »Die Verbitterung ist weg.«

Auch bei Depressionen finden sich oft traumatische Erlebnisse, Trauer und intensive Einsamkeitserfahrungen als Auslöser bzw. Katalysator, wenn gefragt wird, was in der

9 Vgl. Hammel 2009, S. 77f.
10 Vgl. Hammel 2011, S.149ff und Hammel 2016, S. 53.

Zeit ihres ersten Auftretens noch passiert ist. Es ist, als hätte die Seele in der Folgezeit einen Schalter gefunden, um den bedrohlichen Sturm des Lebens einzufrieren und in ein Eismeer zu verwandeln.[11] Lieber gar nichts mehr fühlen als das. Wenn es die gute Absicht der Trauer ist, die Liebe und Verbundenheit aufrechtzuerhalten, so ist es die gute Absicht der Depression, den Schmerz zu betäuben. Deshalb ist es wichtig, den Betreffenden andere Möglichkeiten an die Hand zu geben, mit dem ursprünglichen Schmerz umzugehen oder ihn aufzulösen. Dasselbe gilt für Suchtverhalten und die regelmäßig dahinter verborgene Betäubung des ursprünglichen Schmerzes. Deshalb sind Süchtige so oft auf Ersatzstoffe angewiesen oder die Sucht verlagert sich, wenn der dahinterliegende Schmerz nicht behandelt wird. Wenn sich mit Hilfe von hypnosystemischen Techniken die Erstarrung einer Depression löst, erscheinen die Wellen des Lebens möglicherweise wieder schwer erträglich. Dann hilft es, der Seele einen Gruß auszurichten, dass diese Wellen nicht dieselben von damals sind und dass das Gehirn sie so anpassen kann, dass sie nicht überhandnehmen. Auch die Geschichte vom Bergdorf, von der in Kapitel 7 und 13 bereits die Rede war, hat sich bei depressiven und traumatischen Episoden regelmäßig als hilfreich erwiesen.

Zur Vertiefung

- Roland Kachler, Hypnosystemische Trauerbegleitung. Ein Leitfaden für die Praxis, Heidelberg [5]2019.
- Stefan Hammel, Alles neu gerahmt! Psychische Symptome in ungewöhnlicher Perspektive, München [2]2021.
- Ortwin Meiss, Hypnosystemische Therapie bei Depression und Burnout, Heidelberg, [3]2018.

11 Hammel 2016, S. 67.

18. In der Welt habt ihr Angst ... – Von Phobien und Zwängen

> *»Du lässest mich erfahren viel Angst und Not*
> *und machst mich wieder lebendig*
> *und holst mich wieder herauf aus den Tiefen der Erde.«*
> *Psalm 71,20 (Lutherbibel 2017)*

Die Vorgehensweisen für den Umgang mit Trauer, Trauma und Depression, die in diesem Buch beschrieben werden, sind auch hilfreich für die Behandlung von Ängsten, Zwängen und Phobien, zumal oft eins mit dem anderen verbunden ist. Viele Zwangshandlungen oder Phobien lassen sich auf traumatische Ereignisse zurückführen oder sind Ausdruck von Ambivalenz- und Wertekonflikten. Hypnosystemisch lassen sie sich als Missverständnisse der Seele beschreiben. So, wie der Körper bei Allergien harmlose Pollen mit gefährlichen Viren oder Bakterien verwechselt, verwechselt die Seele an sich harmlose Situationen und Auslöser mit der eigentlichen Gefahr.

Angst ist ein Instinkt, der das Überleben sichert. Für unsere jagenden und sammelnden Vorfahren war es entscheidend, hinter jedem Rascheln im Gebüsch ein gefährliches Raubtier zu vermuten. Allzu sorglose Zeitgenossen hatten im Zweifelsfall keine Gelegenheit, ihre Gene weiterzugeben. Auch wenn heutzutage Säbelzahntiger hinter Heckenzäunen eher selten sind, gibt unser Alarmsystem immer noch genauso schnell Signale. Und wenn Menschen sich einer schwer greifbaren Bedrohung gegenübersehen, steigt das Bedürfnis des Unbewussten, diese Bedrohung konkret und damit handhabbar und bekämpfbar zu machen. Das kann sich in Verschwörungstheorien, Zwangshandlungen oder Trigger-Reaktionen ausdrücken.

Menschen, die unter Phobien oder Zwängen leiden, erleben sich als Opfer innerer, unwillkürlicher Vorgänge, auf die sie keinen Einfluss haben. Dabei sind die eigentlichen Impulse nur ein Teil des Problems. Oft ist es die problematische Beziehung zwischen den unwillkürlichen Impulsen auf der einen Seite und dem, was der Betreffende will, auf der anderen Seite, die das Problem verstärkt. Menschen wollen z.B. aus verständlichen Gründen keine Angstattacken haben und versuchen, sie mit allen Mittel zu bekämpfen oder zu vermeiden, was die Angst in der Regel noch verstärkt. Dabei können sich die unwillkürlichen Prozesse und Abwehrversuche gegenseitig aufschaukeln bis hin zu Flucht-, Kampf- und Totstellreflexen.

Menschen neigen dazu, Lösungsstrategien beizubehalten, die einmal funktioniert haben – selbst wenn es viele Hinweise darauf gibt, dass das in der Gegenwart nicht mehr der Fall ist. Wenn sie mit einem Lösungsversuch nicht erfolgreich sind, führt das in der Regel nicht dazu, dass sie etwas anderes ausprobieren. Besonders wenn ihnen der Lösungsversuch plausibel erscheint, neigen sie zu der Annahme, sie hätten es einfach nicht stark und ausdauernd genug versucht. Sie tun mehr desselben und erwarten dasselbe im Zweifelsfall auch von der Seelsorgerin oder dem Therapeuten. Das verstärkt in der Regel das Problem, worauf mit noch größerem Nachdruck versucht wird, es auf dieselbe Weise zu lösen, bis der Lösungsversuch selbst ein entscheidender Teil des Problems ist. Das lässt sich bei den Lösungsversuchen Einzelner ebenso beobachten wie bei gesellschaftlichen Lösungsversuchen wie z.B. der Drogen- oder Terrorbekämpfung.

Menschen mit Angsterkrankungen geraten fast zwangsläufig in diesen Teufelskreis. Sie versuchen, die angsterzeugenden Situationen zu vermeiden, und vergrößern damit ihre vermeintliche Wirkung. Gegenteilige Erfahrungen können nicht mehr gemacht werden. Jede Vermeidung »bestätigt« nur die Gefährlichkeit der Situation, bis das Leben im schlimmsten Fall nur noch aus Vermeidung besteht. Gunther Schmidt berichtet von einem Mann, der unter so starken Ängsten litt, dass er beschloss, seinem Leben ein Ende zu machen. Er litt unter Agoraphobie und jeder freie Platz löste in ihm Todesängste aus. Deshalb beschloss er, auf den größten Platz der Stadt zu gehen, in der festen Erwartung, er würde dort an einem Herzanfall sterben. Natürlich starb er nicht, war aber von seinen Ängsten geheilt.[1] Wenn es gelingt zu zeigen, dass das Verhalten des Klienten dazu beiträgt, das Problem aufrechtzuerhalten, ohne dass das von ihm als Schuldzuweisung erlebt wird, ergeben sich Chancen zur Veränderung. In dem Maße, in dem sich jemand nicht mehr ausschließlich als Opfer seiner inneren Prozesse erlebt, sondern als Handelnder, wird eine andere Beziehung zwischen seinem bewussten Willen und seinen unwillkürlichen Prozessen möglich.

Menschen mit Angst- oder Zwangserkrankungen kommen oft mit perfektionistischen Zielen. Das ist gut verständlich, weil Ängste und Zwänge das Leben dramatisch einschränken können und Menschen das damit verbundene Leid einfach nur weghaben wollen. Es besteht jedoch auch bei einer erfolgreichen Therapie eine hohe Wahrscheinlichkeit, dass diese Ängste und Zwänge nicht vollständig verschwinden, besonders in der gewohnten Umgebung, mit der sie vernetzt sind. Gunther Schmidt schlägt deshalb vor, unwillkürliche Prozesse als Restriktionen zu behandeln, als etwas, dass wir nicht ändern können, bei dem sich aber sehr wohl der Umgang damit optimieren lässt, auch wenn das nur eine zweitbeste Lösung ist.[2]

1 Schmidt 2008.
2 Ebd.

Zwänge und Ängste sind immer auch beziehungsgestaltende Maßnahmen – wenn auch keine bewussten. Sie regulieren Nähe und Distanz oder vertreten Werte, die vom bewussten Ich negiert werden. Insbesondere Zwang resultiert in der Regel daraus, dass einzelne Werte absolut gesetzt werden und andere dabei auf der Stecke bleiben. Manche Menschen versuchen, einzelne Werte zu maximieren, statt alle Werte zu optimieren. Sie legen z.B. ein hohes Arbeitsethos an den Tag, verbunden mit dem Versuch, alle Aufgaben möglichst perfekt zu erledigen, und vernachlässigen darüber Ruhephasen und Zeit für sich selbst oder die Familie. Oder sie sorgen sich so sehr um andere Menschen, dass sie darüber ihre eigenen Bedürfnisse vernachlässigen, bis diese von einem Teil der Seele oder des Körpers vehement eingefordert werden. Stefan Hammel spricht in diesem Zusammenhang von einem Wertemobile, dass aus dem Gleichgewicht gerät, so, als würde man an ein Mobile einen schweren Schlüsselbund hängen.[3] Auch hier hilft es, die gute Absicht zu würdigen und zugleich nach den Auswirkungen zu fragen. Oft bestehen diese nämlich darin, dass bei einem Ungleichgewicht auch der eigentliche Wert nicht mehr gut erreicht werden kann. Wenn ich permanent überarbeitet bin, sinkt meine Arbeitsleistung, und wenn ich nicht auch für mich sorge, kann ich nicht gut für andere da sein. Es ist wie in einem Biotop aus Füchsen und Hasen. Der Versuch, möglichst viele Füchse zu haben, geht nicht nur den Hasen an den Kragen, sondern am Ende auch den Füchsen, weil sie am Ende keine Nahrung mehr finden.[4]

Besonders wenn Ängste oder Zwänge Ausdruck von Ambivalenzkonflikten sind, hilft es, mit Menschen über Werte-Mobiles, Biotope oder den Besuch der Queen zu reden: Wenn sich

3 Hammel, Seminargespräch 2020.

4 Ebd.

überraschend hoher Besuch zu Hause ankündigt, führt das in der Regel zu Stress. Wie sieht nur der Eingangsbereich der Wohnung aus. Und es ist noch nicht eingekauft. Was gibt es zu essen? Die Küche ist unordentlich, und das Bad sieht dreckig aus. Wenn ich die Küche putze, ist das Wohnzimmer nicht aufgeräumt, wenn ich das Wohnzimmer aufräume, ist nichts gekocht. Auf diese Weise kann man sich reihum verzetteln. Stattdessen hilft es, sich hinzusetzen und kurz zu überlegen: Die Küche muss minimal sauber sein, Wohnzimmer und Eingangsbereich auch und es muss etwas zu Essen geben. Wenn der Grundstandard erreicht ist, kann man schauen, was sonst noch geht. So wird deutlich, wie man unter erschwerten Bedingungen eine akzeptable Wertelandschaften erzeugt, auch wenn sie nicht perfekt ist, weil dafür die Ressourcen nicht reichen. Wenn man sich nur auf einen Bereich konzentriert, wird das Gesamterlebnis nichts.[5]

Man kann auch von Brandmeldern erzählen, die zu empfindlich eingestellt sind, so dass sie ständig anspringen und allen Beteiligten nur noch auf die Nerven gehen. Wenn dann tatsächlich ein Brand ausbricht, nimmt den Alarm niemand mehr ernst. Stattdessen braucht es Brandmelder wie in Hotels und Krankenhäusern, die sich keine Fehlalarme leisten können, aber trotzdem zuverlässig vor einem Brand gewarnt werden müssen.

Hinter einem Zwang steht fast immer die Idee, durch einen Fehler würde man eine Katastrophe auslösen, an der man dann schuld sei, entweder unmittelbar oder mittelbar. Wenn ich einen sündigen Gedanken habe, dann komme ich in die Hölle. Wenn ich auf eine falsche Bodenplatte trete, dann habe ich einen Zauber ausgelöst. Oder wenn nicht immer wieder den Herd kontrolliere, bringe ich geliebte Menschen in Gefahr und bin im Zweifelsfall an ihrem Tod schuld.

5 Ebd.

Auch hier hilft es, die dahinterstehenden Werte auszuweiten und ins Gleichgewicht zu bringen.

Gerade bei der Arbeit mit Menschen, die von Ängsten und Zwängen geplagt sind, ist es wichtig, auf die von ihnen verwendeten Metaphern zu achten. In der Regel setzt ihr Körper die benutzten Metaphern wortwörtlich um und verhält sich z.B. so, als würde eine reale Todesgefahr bestehen. Das deutlich zu machen hilft zum einen, die körperlichen und unwillkürlichen Reaktionen zu verstehen und zu würdigen; gleichzeitig ändert sich das Erleben, wenn die inneren Bilder verändert werden. Eine hilfreiche Methode, das zu tun, besteht darin, die Bilder bzw. Reaktionen zu garnieren, um das Muster zu verändern. Wenn man z.B. bei einer sich ankündigenden Panikattacke tief atmet und jedes Mal sagt: »Ich habe solche Angst.« Der Rat, man solle sich bei einer Prüfung die Prüfer in Unterhose vorstellen, geht in eine ähnliche Richtung. In der Welt von Harry Potter werden die Quälgeister, die in Form der größten Ängste auftreten, durch den Riddikulus-Zauber gebannt, der sie garniert und damit lächerlich macht. Da werden Monsterspinnen mit Rollschuhen versehen, die Todesfee verliert ihre Stimme oder Mumien stolpern über ihre Bandagen.

Man kann sowohl mit Ängsten, als auch mit Zwängen sehr erfolgreich mit dem Therapeutischen Modellieren aus Kapitel 15 arbeiten. Allerdings sollte man damit rechnen, dass, wenn man die Angst oder den Zwang aus einem Menschen heraussetzt, dahinter eine schwere Trauer, Panik oder etwas anderes zum Vorschein kommen kann, das vorher durch die Ängste verdeckt oder durch die Zwangshandlungen in Schach gehalten wurden. Deshalb ist es sinnvoll, erst die Ursachen zu bearbeiten und dann die Symptome – oder der Seele des Betreffenden einen Gruß auszurichten, dass nichts überhandnimmt.

Zur Vertiefung

- Stefan Hammel, Alles neu gerahmt! Psychische Symptome in ungewöhnlicher Perspektive, München ²2021.
- Stefan Hammel/Astrid Vlamynck/Claudia Weinspach, Ängste entzaubern – Lebensfreude finden. Die besten Interventionen aus 9 Therapierichtungen, Stuttgart 2020.
- Gunther Schmidt, Ängste, Zwänge und Phobien – erkennen, verstehen und auflösen. Originalvorträge, 6 DVDs, Müllheim/Baden 2008.
- Bernhard Trenkle, Hypnose und Selbsthypnose bei Ängsten und Phobien, Originalvorträge auf MP3-CD, Müllheim/Baden 2009.

19. … wie dich selbst! – Selbstfürsorge und Burnout-Prophylaxe

> *Und er sagte zu ihnen: »Kommt mit an einen ruhigen Ort,*
> *nur ihr allein, und ruht euch ein wenig aus.«*
> *Denn ständig kamen und gingen die Leute*
> *und sie fanden nicht einmal Zeit zum Essen.*
> *Markus 6,31 (BasisBibel)*

Vor jedem Flug geben die Flugbegleiter Anweisungen für den Notfall. Im Fall eines Druckverlustes soll man zunächst sich selbst eine Sauerstoffmaske aufsetzen und erst dann seinen Nachbarn oder Kindern helfen. Das hat eine innere Logik. Wenn eine Person selbst keine Luft mehr bekommt, kann sie schlecht für andere da sein. Das gilt auch für Seelsorger und Seelsorgerinnen. Am hilfreichsten für andere können sie dann sein, wenn es ihnen selbst gut geht.

Viele der in diesem Buch beschriebenen Haltungen und Techniken eignen sich zur Selbstfürsorge und bieten damit eine gute Burnout-Prophylaxe. Sie ermöglichen es nicht nur, für andere hilfreich zu sein, sondern auch für sich selbst. Sie ermutigen zu einem liebevolleren Umgang mit sich und den eigenen Schwächen. Sie bieten Methoden, um erfolgreich mit dem eigenen Körper und dem Unbewussten zu kommunizieren. Und sie helfen, sich bewusst mit den eigenen Ressourcen zu vernetzen. Milton Erickson halfen sie, trotz seiner starken Schmerzen und Einschränkungen bis ins hohe Alter arbeitsfähig zu bleiben und ein erfülltes Leben zu führen.

Einmal hatte ich mir an einem zerbrochenen Glas eine größere Schnittverletzung an der Hand zugezogen. Als ich aus der Notaufnahme kam, wo die Wunde versorgt und genäht worden war, ließen das Adrenalin und die Wirkung der Schmerzmittel langsam nach. Da ich möglichst keine Schmerzen haben wollte, fragte ich mich, ob es nicht eine hilfreiche Imagination gäbe. Diese Frage war bewusst gestellt, aber die Antwort kam nicht aus meinem Ich-Bewusstsein. Vor meinem geistigen Auge erschien ohne mein Zutun ein Bild, wie Jesus schützend seine Hand auf meine verletzte Hand legte. Für mich war das eine ergreifende religiöse Erfahrung, obwohl sie sicher durch mein Wissen um hypnosystemische Techniken angestoßen wurde. Die Wunde heilte komplikationslos und ohne Schmerzen.

Eine gute Möglichkeit, für sich selbst Konflikte oder Probleme zu bearbeiten, ist die Problem-Lösungsgymnastik, die Gunther Schmidt entwickelt hat.[1] Auch das in Kapitel 15 beschriebene Stühlespiel lässt sich einfach zur Selbsthypnose nutzen. Es hilft, in bestimmten Situationen in Gedanken »Leute« aus sich »herauszustellen«. Gerade wenn in Beratungs- oder Seelsorgegesprächen die Gefahr besteht, dass die Beraterin oder der Seelsorger durch die Inhalte des Gesprächs sich selbst getriggert fühlt, ist es sinnvoll, den Teil, der eine entsprechende Reaktion entwickelt, in Gedanken auf einen anderen Platz zu setzen. Umgekehrt ist es ausgesprochen hilfreich, sich vor Beratungsgesprächen seine eigenen Ressourcen zu vergegenwärtigen, sie imaginär wie ein Team um sich zu versammeln oder um Geistesgegenwart bzw. himmlischen Beistand zu bitten.

Ebenso lässt sich an einem Platz, den man demnächst einnehmen wird, der Zustand imaginieren, den man dann dort verkörpern möchte: Ich hatte leicht erkältet mit angeschlagener Stimme einen Gottesdienst in einer Kirche ohne Mikrofonanlage zu halten. Ich nutzte das Lied vor der Pre-

1 S.o. Kapitel 5.

digt, mir intensiv vorzustellen, wie ich vor dem Altar stehe und mit lauter und kräftiger Stimme spreche. Als ich dann den Platz einnahm, war das Reden kein Problem mehr.

Stefan Hammel schlägt bei Einschlaf-Problemen das »14-Engel-Spiel« vor, nach dem bekannten Lied aus der Oper *Hänsel und Gretel* von Engelbert Humperdinck: Nacheinander werden in Gedanken alle »Leute« aus einem herausgestellt, die einen am Einschlafen hindern: den, der sich Gedanken über den morgigen Tag macht, den, der sich ärgert, den, der Verspannungen im Rücken hat, und so weiter. Sie alle werden in Gedanken wie die Engel um das Bett gestellt, um den Schlaf zu bewachen. Meistens ist man eingeschlafen, bevor man 14 zusammen hat.[2]

Unser Körper setzt die Bilder oder Bitten an ihn in der Regel zuverlässig um. Wenn man ihn bittet, bei kalten Füßen die Blutgefäße in den Füßen zu weiten, damit sie gut durchblutet werden, sind sie zumeist nach einiger Zeit warm, auch wenn man gar nicht mehr daran denkt. Man kann auch einzelnen Körperteilen Grüße bestellen oder sie direkt um etwas bitten. Es hilft, das mit einer gewissen Deutlichkeit zu tun, damit die Bitten und Anweisungen nicht im allgemeinen Gedankenstrom untergehen. Das kann heißen, sich einen ruhigen Platz zu suchen, dreimal tief durchzuatmen und dann die Bitte zu äußern. Entscheidend ist, dass das so geschieht, dass es vom Körper oder vom Unbewussten als relevant eingestuft wird. Dabei hilft es, sich die Bilder so deutlich wie möglich vorzustellen oder auch Worte laut auszusprechen.

Während bei einer klassischen Hypnose ein Therapeut oder Hypnotiseur den Hypnotisanden in Trance versetzt, handelt

2 Vgl. www.stefanhammel.de/blog/2017/07/20/3179 (abgerufen am 20.12.2021). Varianten dazu in: Hammel 2019, S. 47f.

es sich bei Selbsthypnose um eine selbst induzierte Erfahrung. Die bekannteste Form von Selbsthypnose ist vermutlich das Autogene Training. Allerdings ist das Spektrum der Möglichkeiten sehr viel größer. Im Kern geht es darum, sich selbst in Trance zu versetzen und sich davor, danach oder währenddessen gewünschte Suggestionen und Aufträge zu geben oder ein gewünschtes Erleben zu imaginieren. Man kann sich auch selbst eine Trance-Anleitung schreiben, sie aufnehmen und dann regelmäßig anhören. Es lassen sich auch Selbsthypnose-CDs mit Tranceanleitungen verwenden. Viele Therapeuten nehmen auch Hypnose-Sitzungen auf und geben die Aufnahmen den Klienten mit, damit sie zu Hause üben und die Wirkung vertiefen können.

Zwei einfache Selbsthypnose-Übungen sind die 5-4-3-2-1-Übung und die Wohlfühltrance zwischen den Händen.[3]

5-4-3-2-1-Übung: Suchen Sie sich einen Punkt, den Sie mit den Augen fixieren können. Zählen Sie ruhig und innerlich fünf Dinge auf, die Sie in Ihrem Blickfeld sehen können. »Ich sehe den Punkt. Ich sehe ... usw.« – Wechseln Sie den Sinneskanal und zählen Sie innerlich fünf Dinge auf, die Sie hören. Sollte es sehr still sein, können Sie auch Geräusche mehrfach aufzählen. – Zählen Sie dann fünf Dinge auf, die Sie spüren, z.B. die Kleidung auf der Haut, die Rückenlehne eines Stuhls, die Temperatur Ihrer Hände. – Danach beginnen Sie wieder von vorn: Zählen Sie jetzt vier Dinge auf, die Sie sehen, hören und fühlen, und beginnen Sie wieder mit: »Ich sehe den Punkt.« Danach drei Dinge, dann zwei, dann eins. – Wenn Sie mögen, setzen Sie die Übung mit geschlossenen Augen fort und stellen sich ihren Lieblingsort vor. In Gedanken beschreiben Sie, was Sie dort sehen, hören und spüren, jeweils fünf-, vier-, drei-, zwei-, einmal.

3 Vgl. Junker 2012.

Diese Übung eignet sich sowohl für eine kurze Auszeit an belebten Orten wie auch als Einschlafhilfe. Sie lässt sich problemlos an einer Bushaltestelle oder in der U-Bahn anwenden, da sie alle Umgebungsreize miteinbezieht. Wichtig ist dabei ein Punkt, der sich fixieren lässt. Je öfter Sie die Übung praktizieren, desto schneller werden Sie auch in angespannten Situationen einen angenehm entspannten Zustand erreichen.

Diese Übung lässt sich auch hervorragend mit Suggestionen verbinden, die man sich selbst geben möchte. Nachdem man einen entspannten Zustand erreicht hat, kann man sich die Sätze sagen, die man vorher nach allen Regeln der Kunst formuliert hat, z.B. als Grüße an die eigene Seele oder den eigenen Körper, wie in Kapitel 16 beschreiben.

Falls Sie die Übung zum Einschlafen machen, können Sie mit geschlossenen Augen beginnen und die Dinge aufzählen, die Sie sehen würden, wenn die Augen geöffnet wären. Meine Lieblings-Variante zum Einschlafen ist: Zählen Sie drei Dinge auf, die Sie spüren, drei Dinge, die Sie hören, und dann die drei inneren Bilder, die Ihnen bei geschlossenen Augen als erstes in den Sinn kommen. Danach fahren Sie mit zwei Dingen fort usw.

Trance zwischen den Händen: Suchen Sie sich einen bequemen Stuhl – am besten mit Armlehnen, auf denen Sie ihre Ellenbogen abstützen können. Rufen Sie Erfahrungen von Wohlgefühl und Wohlbefinden in sich wach. Halten Sie Ihre Hände geöffnet etwa 30 cm vor sich, als würden Sie einen Ball in den Händen halten. Stellen Sie sich vor, alle Ihre guten Erfahrungen mit Wohlgefühl und Wohlbefinden würden sich zwischen Ihren Händen befinden oder materialisieren. Fixieren Sie die Stelle zwischen Ihren Händen mit Ihren Augen. Falls Sie die Übung zu zweit durchführen, befragen Sie Ihren Partner (oder lassen sich befragen), welche Qualitäten das Wohlgefühl zwischen den Händen hat.

Benutzen Sie dabei alle fünf Sinneskanäle. Wie sieht es aus? Wie fühlt es sich an? Wenn es Geräusche oder Töne von sich gäbe, welche wären es? Wenn es einen Geschmack hätte …? Oder einen Geruch …? Fragen Sie detailliert nach. Falls Sie die Übung allein durchführen, befragen Sie sich selbst.

Stellen Sie sich dann vor, Sie atmen mit jedem Atemzug etwas mehr von diesem Wohlbefinden ein und erlauben ihm, sich in Ihrem Körper auszubreiten. Je mehr Sie das Wohlbefinden einatmen, desto näher können sich Ihre Hände kommen, bis sie sich berühren und das Wohlbefinden sich in Ihrem ganzen Körper ausbreitet. Genießen Sie diesen Zustand des Wohlbefindens! Nach einiger Zeit orientieren Sie sich wieder im Hier und Jetzt: Nehmen Sie ein paar tiefe Atemzüge, bewegen Sie ihre Hände und Füße, öffnen Sie die Augen und bringen Sie ihren Kreislauf wieder in Gang. Diese Übung lässt sich mit »Wohlbefinden«, aber auch mit anderen wünschenswerten Zuständen wie »Energie«, einem »Gefühl der Sicherheit« oder Ähnlichem durchführen.

Alle diese Techniken können sehr hilfreich sein. Den größten Unterschied für die eigene Psychohygiene macht die Beschäftigung mit hypnosystemischen Konzepten aus meiner Erfahrung jedoch durch die Änderung des eigenen Fokus. Es wird immer leichter, bei sich und anderen auf Stärken, Fähigkeiten und Ressourcen zu schauen und diese wertzuschätzen. Das ändert die Begegnung mit einem selbst und anderen Menschen. In dem Maße, in dem sich der Einsatz einer Technik zu einer Lebenshaltung wandelt, wird das Leben leichter und erfüllter, ohne dass deshalb negative Seiten ausgeblendet werden müssten. Eine einfache Form, eine solche Haltung zu üben, ist es, sich bei Dingen, von denen man denkt: »Das geht nicht«, regelmäßig zu fragen: »Und wie würde es gehen, wenn es doch gehen würde?«

IV. SCHLUSS

20. Von Dämonen und anderen Krankheiten – Entdeckungen in biblischen Texten

Die Leute brachten ihre Kranken mit
und legten sie zu seinen Füßen nieder:
Gelähmte, Blinde, Verkrüppelte, Stumme
und Menschen mit anderen Krankheiten.
Und er heilte sie.
Matthäus 15,30 (BasisBibel)

Wer einmal erlebt hat, welche Wirkung Geschichten im Leben von Menschen entfalten können, liest auch die Gleichnisse Jesu mit anderen Augen. Dasselbe gilt für die Heilungsgeschichten und Dämonenaustreibungen, von denen das Neue Testament berichtet. Wenn es stimmt, dass das Wecken von Hoffnung der entscheidende Punkt bei jeder Therapie ist, dann hatte Jesus die besten Voraussetzungen. Wer könnte größere Hoffnung vermitteln als der von Gott geschickte Messias mit seiner Vollmacht? Krankheit, Besessenheit, Behinderungen oder das falsche Geschlecht bedeuteten zur damaligen Zeit nicht nur soziale, sondern auch religiöse Ausgrenzung. Und es setzt ungeahnte Kräfte frei, wenn eine Krankheit nicht mehr als göttliche Strafe erlebt wird, sondern Gott als Verbündeter erfahren wird, der auf der Seite der Erkrankten steht.

In den neutestamentlichen Wundergeschichten fällt auf, dass Jesus immer wieder sagt: »Dein Glaube hat dir geholfen.«[1] Die biblischen Texte schreiben dem vertrauensvollen

1 Vgl. Matthäus 9,22; Markus 10,52 u.a.

Glauben eine entscheidende Bedeutung bei der Erhörung von Gebeten und bei der Heilung von Krankheiten zu. Das geht so weit, dass im Markus-Evangelium berichtet wird, Jesus habe in seinem Heimatort keine Wunder tun können, weil die Menschen dort nicht an ihn glaubten.[2] Aus hypnosystemischer Sicht ist das sehr plausibel.

Viele der Gleichnisse und Geschichten, die Jesus in den Evangelien erzählt, sind darauf angelegt, angesichts von Hoffnungslosigkeit und Resignation Hoffnung zu wecken.[3] Dass sie das bis heute tun, zeigt ihre Kraft. Jesus erzählt Geschichten, in die sich seine Zuhörer einfühlen können. Er erzählt von Situationen, die sie kennen, und führt sie zu einem überraschenden Ende. Viele seiner Geschichten enthalten ein Reframing. Dabei nutzt er eine Technik, die an Pacing und Leading erinnert. Jesus holt seine Zuhörer ab bei dem, was sie kennen, und führt sie zu einer neuen Perspektive. Er utilisiert, was seinen Zuhörer vertraut ist: den mühsamen Ackerbau auf Feldern voller Steine,[4] die Schönheit der Feldblumen[5] und die Winzigkeit eines Senfkorns.[6] Dort, wo der Samen auf den Feldern aufgeht, bringt er 100-fachen Ertrag hervor. Jesus bringt seine Zuhörer dazu, sich beim Anblick des Unkrauts mit seinen Blüten an die fürsorgliche Liebe Gottes zu erinnern. Und kleinen Gruppen, die sich angesichts der Übermacht der Gewalt kaum größer als ein Senfkorn vorkommen, führt er vor Augen, was aus einem Senfkorn werden kann: ein Baum, in dem die Vögel des Himmels Zuflucht finden.

Auch andere biblische Texte zeigen diese Struktur. Die Klagepsalmen z.B. führen von der Klage zum Lob, ohne dass

2 Vgl. Markus 5,6.
3 vgl. Baldermann ^{3}1996, S. 82ff.
4 Vgl. Markus 4,1-9.
5 Vgl. Matthäus 6,28-30.
6 Vgl. Markus 4,30-32.

sich dafür die Situation ändern müsste. Was sich beim Beten und Nachbeten ändert, ist die Perspektive.[7] Der 22. Psalm, den Jesus am Kreuz betet, wechselt immer wieder zwischen abgrundtiefer Verzweiflung und alptraumartigen Bildern auf der einen Seite und einer immer stärker werdenden Erinnerung an Gottes Hilfe und die Erfahrung der Geborgenheit auf der anderen Seite. Das erinnert an die Einstreutechnik Ericksons. Auf diese Weise führt er von der abgrundtiefen Frage: »Mein Gott, mein Gott, warum hast du mich verlassen?« zu dem Satz: »Du hast mich erhört.« Ein Kollege berichtete mir, er habe sich mit Hilfe der Psalmen aus seiner Depression herausgearbeitet.

Jesu Aufruf zur Metanoia, der in alten Bibeln mit »Buße« übersetzt wird, aber eigentlich »Umkehr« oder »Umdenken« bedeutet, ist ein Aufruf zu Reorientierung. Er lädt seine Zuhörer ein, die Welt aus der Perspektive Gottes und seiner angebrochenen Herrschaft zu betrachten: »Die von Gott bestimmte Zeit ist da. Sein Reich wird sichtbar in der Welt. Ändert euer Leben und glaubt dieser guten Nachricht.«[8] Und so erzählt er auch seine Geschichten. Zugleich wird deutlich, wie Gleichnisse funktionieren und wie z.B. heutige Gleichnisse aussehen müssen, die dieselbe Wirkung entfalten sollen, wie der moderne Klassiker »Spuren im Sand« von Margaret Fishback Powers.

Die Geschichte Jesu selbst ist eine Hoffnungsgeschichte, die bis heute unzählige Menschen dazu gebracht hat, ihr Leben zu ändern und aus einer neuen Perspektive zu betrachten. Hypnosystemisch zugespitzt lässt sich sagen, dass der Glaube mit der Auferstehung sogar das Kreuz utilisiert.

7 Vgl. Baldermann 1989, S. 43ff.

8 Markus 1,15 (BasisBibel).

Aus hypnosystemischer Sicht ist auch das Vorgehen Jesu bei Heilungen oder Dämonenaustreibungen interessant. So fragt er einen Blinden ganz im Sinne einer Auftragsklärung: »Was willst du? Was soll ich für dich tun?«[9] Bei dem Gelähmten, den seine Freunde wegen des Andrangs durch ein Dach zu ihm herablassen[10], behandelt er das Problem neben dem Problem, eine Technik, die auch Erickson oft angewandt hat; denn er sagt: »Mein Kind, deine Schuld ist dir vergeben.« Sehr wahrscheinlich haben sowohl der Gelähmte als auch seine Umwelt die Überzeugung geteilt, dass Krankheit und Behinderung die Folge von Sünde und Fehlverhalten sind. Die Vorschriften der Thora untersagen zudem für Gehbehinderte oder Gelähmte die Wallfahrt zum Tempel.[11] In der Wahrnehmung des Gelähmten und der Zuschauer beseitigt Jesus mit seiner Vergebungszusage den Grund der Behinderung. Gleichzeitig zettelt er mit den religiösen Autoritäten eine Diskussion darüber an, ob das, was er tut, erlaubt ist, und ob er die Vollmacht dazu hat. Dabei nutzt er die Strategie der Ablenkung. Mit seiner Frage, was leichter sei, dem Gelähmten die Schuld zu vergeben oder ihn zu heilen, nimmt er alle Verantwortung für ein eventuelles Versagen auf sich und verknüpft die Frage nach seiner Legitimation mit der, den Gelähmten zu heilen. Anders als bei den Heilungen, bei denen Jesus die Kompetenz und Eigenverantwortlichkeit der Kranken stärkt, tut er hier das genaue Gegenteil. Er nimmt allen Druck vom Betroffenen.

Dämonenaustreibungen mögen aus einer westlich-aufgeklärten Perspektive befremdlich erscheinen. Dennoch gehören sie untrennbar zur Verkündigung Jesu vom sich aus-

9 Lukas 18,41 (BasisBibel).

10 Vgl. Markus 2,1-12.

11 Vgl. 3. Mose 21,18.

breitenden Königreich Gottes.[12] Auch im heutigen Europa gibt es nicht wenige Menschen, die an Dämonen oder Geister glauben, und zumindest metaphorisch ist das oft eine zutreffende Beschreibung der Realität. Zur Zeit Jesu bot der Glaube an Dämonen ein sozial akzeptiertes Erklärungsmodell für Krankheiten und psychische Störungen. Besonders Krankheiten, die mit der Erfahrung von Überwältigung einhergingen wie bei epileptischen Anfällen oder psychotischen Schüben, fanden so eine einleuchtende Erklärung.

Jesus stellt den herrschenden Dämonenglauben nicht in Frage, allerdings spricht er den Dämonen ihre Macht ab. In seinem Jubelruf nach der Rückkehr der zweiundsiebzig Jünger beschreibt er Satan, den obersten Dämon und Ankläger der Menschen, als von Gott besiegt: »Ich sah den Satan wie einen Blitz aus dem Himmel hinabstürzen.«[13] Damit sind alle Dämonen potenziell herrenlos und entmachtet. Dem entspricht, dass Jesus mit einfachen Befehlen, ohne magische Rituale oder die Anrufung höherer Mächte wie in anderen Exorzismus-Traditionen, böse Geister austreibt.

In einem hypnosystemischen Deutungsrahmen lässt sich Besessenheit als das Vorherrschen von leidvollen, unwillkürlichen Prozessen verstehen. Dann ergeben sich frappierende Parallelen zwischen den Exorzismen Jesu und der Arbeit mit ungeliebten Seinsweisen im therapeutischen Modellieren.[14] In beiden Fällen werden ungeliebte Anteile bzw. Seinsweisen aus dem Betreffenden herausgesetzt und dissoziiert, nachdem zuvor mit ihnen geredet wurde. In beiden Fällen werden sie anschließend verjagt, in Urlaub geschickt oder auch in eine Schweineherde entlassen[15], und es wird dafür Sorge ge-

12 Vgl. Poplutz 2013, S. 94.
13 Lukas 10,18 (BasisBibel).
14 S.o. Kapitel 15.
15 Markus 5,12ff.

tragen, dass sie nicht zurückkehren. Der Hauptunterschied zwischen einem hypnosystemischen Vorgehen und der Exorzismus-Praxis Jesu besteht in der Form der Kommunikation: Jesus befiehlt autoritativ mit göttlicher Vollmacht, während im therapeutischen Modellieren eingeladen wird, die ungeliebten Seinsweisen auf einen anderen Stuhl zu setzen. Insofern lässt sich hier von einer freundlichen Form des Exorzismus sprechen. Zugleich erscheinen die Exorzismen Jesu als eine Form von autoritativer Hypnose. Sie fanden in der Regel vor einer größeren Menge von Zuschauern statt, was ihre Wirksamkeit aus hypnosystemischer Sicht noch erhöht. Wenn so viele Menschen zuschauen, dann muss das, was da passiert, relevant sein. Ein ähnlicher Effekt lässt sich beobachten, wenn Menschen sich im Rahmen von Fortbildungen oder Kongressen als Demo-Patienten zur Verfügung stellen oder an einer klinischen Studie teilnehmen.

21. Bittet und euch wird gegeben – Beten in hypnosystemischer Perspektive

»Wenn jemand zu diesem Berg sagt:
›Auf, stürze dich ins Meer!‹,
und wenn er dabei in seinem Herzen nicht zweifelt,
sondern fest daran glaubt, dass eintrifft, was er sagt –
dann wird es für ihn geschehen.
Deshalb sage ich euch:
Für alles, worum ihr im Gebet bittet, gilt:
Glaubt fest daran, dass ihr es bekommt,
dann wird es euch geschehen.«
Markus 11,23-24 (BasisBibel)

In der Art und Weise, wie Menschen beten, verdichten sich in besonderer Weise ihr Glaube und ihre Gottesbeziehung. Wie unter einem Brennglas zeigen sich beim Beten die Stärke, das Vertrauen, das Theodizee-Problem und die Paradoxien des Glaubens. Deshalb kann das Gebet zu Recht als Ernstfall des Glaubens bezeichnet werden. Antwortet Gott auf Gebete? Und wenn er das tut, warum erhört er dann manche Gebete und andere nicht? Was wird als Gebetserhörung gedeutet und was nicht? Ganz offensichtlich gibt es beim Beten keine Erfolgsgarantie, und doch würden es die meisten Christen als sinnvoll und hilfreich beschreiben.

Die Geschichte des Christentums ist voll von Versuchen, diesen Widerspruch in der einen oder anderen Weise aufzulösen, oft nicht zum Guten. In frühen Jahren starb eine Schulfreundin von mir an Krebs. Sie hatte gerade ihr zweites Kind bekommen und war in einer Gemeinde aktiv, in der voller Überzeugung für ihre Heilung gebetet wurde. Auf ihrer Beerdigung sagte der zuständige Pfarrer sinngemäß: Da die Gebete für ihre Heilung nicht erhört wurden, sei ihr Tod

Gottes Wille gewesen. Das war nicht nur für die Angehörigen schwer erträglich und ist sicher ein extremes Beispiel. Dennoch gibt es viele Deutungsversuche dieser Art. Wenn ein Mensch nicht gesund wird, wird unterstellt, er habe nicht stark genug geglaubt oder fest genug gebetet. In seiner säkularen Variante lautet dieser Vorwurf, jemand habe nicht die richtige Einstellung oder das richtige Mindset, um gesund oder erfolgreich zu werden.

Auf der anderen Seite des Spektrums wird versucht, diese Spannung aufzulösen, indem eher vage und belanglos gebetet wird und nicht um Dinge, von denen man sich nicht vorstellen kann, dass Gott sie erfüllt. »Da kann der liebe Gott auch nichts machen«, sagte eine ältere Dame aus meiner Gemeinde dazu und beschrieb damit sehr schön die Schere, die viele Christen beim Beten im Kopf haben.

In den biblischen Texten wird diese Spannung in der Regel nicht aufgelöst. Die Klagepsalmen ringen um die Frage nach Gott und dem Leid, ohne sie einseitig aufzulösen. Und Jesus ermutigt seine Schülerinnen und Schüler, Gott voll Vertrauen hemmungslos und unverschämt um alles zu bitten, was sie brauchen. Er besteht darauf, dass bei Gott nichts unmöglich ist, und bringt ihnen zugleich bei zu beten: »Dein Wille geschehe.«

Not lehrt beten, sagt der Volksmund. Daran ist sicher richtig, dass Menschen in Notsituationen instinktiv anfangen zu bitten, auch wenn sie nicht genau wissen, wie sie beten und an wen sie sich eigentlich wenden sollen. Gleichzeitig können existenzielle Krisen dazu führen, dass Menschen Gott hemmungslos und ohne sich selbst zu zensieren um das bitten, was sie brauchen.

Als in meiner Gemeinde eine Mitarbeiterin schwer an Darmkrebs erkrankte, beschlossen meine Kollegin und ich, die Anweisung aus dem 5. Kapitel des Jakobusbriefs ernst zu nehmen. Jakobus schreibt: »Ist jemand unter euch krank, der rufe zu sich die Ältesten der Gemeinde, dass sie über ihm beten.«[1] Die Mitarbeiterin war in ärztlicher Behandlung und bekam Bestrahlungen, um den Tumor so weit zu verkleinern, dass er operiert werden konnte. Allerdings machten die Ärzte ihr keine allzu großen Hoffnungen. Wir nahmen unseren Mut zusammen und fragten sie, ob wir mit ein paar Mitgliedern des Gemeindekirchenrates zu ihr kommen und für sie beten dürften. Es war ein bewegender Abend und ich ging mit der inneren Gewissheit nach Hause, dass ich mir um sie keine Sorgen mehr machen müsse. Als die Ärzte nach Ende der Bestrahlungen untersuchen wollten, ob der Tumor weit genug geschrumpft war, um operabel zu sein, konnten sie ihn nicht mehr finden.

In der Art und Weise, wie wir beten, zeigt sich, wie groß unser Gott ist. Es zeigt sich, ob wir glauben, dass bei Gott nichts unmöglich ist, oder ob wir glauben, dass bei bestimmten Problemen »der liebe Gott auch nichts machen kann«. Vermutlich bewegen sich die meisten Menschen, die von sich sagen, dass sie an Gott glauben, während ihres Lebens immer wieder an unterschiedlichen Punkten zwischen diesen beiden Polen.

Wenn wir davon ausgehen, dass Beten hilft – wenn auch nicht immer, so doch immer wieder – was hilft dann genau? Aus christlicher Perspektive lässt sich zugespitzt sagen, dass nicht das Gebet hilft, sondern Gott. Aus hypnosystemischer Perspektive gilt für das Beten alles, was auch für die hypnosystemische Techniken in diesem Buch beschrieben wurde.

Beten ist eine machtvolle Form der Aufmerksamkeitsfokussierung. Wenn in eine positive Richtung gebetet wird, also nicht nur darum, dass etwas weggeht oder verschwindet, erzeugt es intensive Filme von Lösungserleben. Es ak-

1 Jakobus 5,14 (Lutherbibel 2017).

tiviert die physischen und psychischen Selbstheilungskräfte des Beters. Alles, was über die Wirkung von Placebos in Kapitel 8 beschrieben wurde, lässt sich ohne Weiteres auch auf Gebete übertragen. Und Rosenkränze – oder die Perlen des Glaubens auf evangelischer Seite – sind jahrhundertelang erprobte Ankertechniken.

Wenn man von Herzen um eine gute Lösung eines Problems, die Versöhnung mit einer Person oder den guten Ausgang einer gesundheitlichen Krise betet, hat diese Aufmerksamkeitsfokussierung eine große Kraft. Sie wird noch verstärkt, wenn ein gemeinsamer Aufmerksamkeitsfokus hergestellt wird, wenn also laut und gemeinsam mit und für andere gebetet wird. Nach meiner Erfahrung kann bei Gebeten am Ende eines Seelsorgegesprächs dieses nicht nur gebündelt werden, oft geht es auch mit Trancephänomenen wie einem veränderten Raum- und Zeiterleben einher.

Gebete weisen strukturelle Ähnlichkeiten mit den in Kapitel 16 beschriebenen Grüßen auf. Sie richten sich an eine Instanz außerhalb des eigenen Ichs, von der angenommen wird, dass sie helfen kann. Zugleich können Gebete dazu beitragen, dass sich das Bild von Menschen, das wir im Kopf haben, auf eine Art und Weise ändert, wie sie in Kapitel 15 beschrieben wurde. Jesus fordert seine Jünger in der Bergpredigt auf, ihre Feinde zu lieben und für die zu beten, die sie verfolgen.[2] Wenn das Gebet nicht nur darin besteht, in Rachefantasien zu schwelgen oder darum zu bitten, dass die Betreffenden ihre Fehler endlich einsehen, sondern wenn man ernsthaft für Menschen betet, mit denen man einen Konflikt hat, und für sie Gutes und Segen erbittet, ändert das nachhaltig das Bild, das man von diesem Menschen hat.

2 Vgl. Matthäus 5,44.

Und damit steigt die Wahrscheinlichkeit, dass sich auch die reale Begegnung anders gestaltet.

Für Beten gilt – wie für die hier beschriebenen hypnosystemischen Techniken –, dass es keine Erfolgsgarantie gibt. Allerdings wird die Wahrscheinlichkeit für heilsame Entwicklungen erhöht. Man kann sowohl die Erhörung von Gebeten für Zufall halten als auch die Erfolge hypnosystemischer Seelsorge, allerdings häufen sich die Zufälle, wenn man betet, und die Wahrscheinlichkeit für heilsame Entwicklungen bei hypnosystemischer Seelsorge. Beten hilft offensichtlich auch, wenn man nicht an Gott glaubt. Paradoxerweise hilft es jedoch umso mehr, je stärker man darauf vertraut, dass es wirklich Gott ist, der hilft.

22. Fluch und Segen – Die Macht der Worte

Ich habe euch Leben und Tod,
Segen und Fluch vorgelegt,
dass du das Leben erwählst
und am Leben bleibst.
5. Buch Mose 30,19 (Lutherbibel 2017)

Worte sind nie einfach nur Worte. Viele Menschen sind sich der Macht der Sprache nicht bewusst. Sie lassen sich von Werbung und manipulativen Botschaften berieseln und beeinflussen sich selbst und andere, ohne sich darüber Gedanken zu machen. Menschen können durch ihre Worte ihr eigenes und das Leben von anderen zur Hölle machen – oder es zum Blühen bringen. Segen und Fluch sind auch jenseits von religiösen Kategorien wirksam. Deshalb ist ein achtsamer Umgang mit Sprache eine Grundvoraussetzung jedes seelsorgerlichen Handelns.

Nach einem meiner ersten Gottesdienste gab mir ein älterer Kollege den Rat, ich solle mir einen Engel vorstellen, der mir beim Segen die Hände auf die Schultern legt, so dass seine Energie durch meine Hände strömt. Das habe ich seither getan. Dieser Rat hätte aus einem Buch über hypnosystemische Seelsorge stammen können.

Das Faszinierende an hypnosystemischen Techniken ist für mich – neben ihrer Wirksamkeit –, dass sie nahtlos anschlussfähig an eine kirchliche und seelsorgerliche Praxis sind und zugleich ein tieferes Verständnis dafür bieten, was bei religiösen Erfahrungen geschieht. Für mich sind die heilsame Macht Gottes und ein strategisches therapeutisches Vorgehen kein Widerspruch, sondern zwei Seiten derselben Medaille. Wie bei dem physikalischen Welle-Teilchen-Dualismus des Lichts ist es eine Frage der Betrachtung, wie etwas erscheint. In der christlichen Tradition wird diese Verschränkung von menschlicher Erfahrung und göttlichem Handeln unter dem Stichwort Inkarnation verhandelt.

Christlicher Glaube lässt sich als Fokussierung auf die Wirklichkeit Gottes beschreiben. Grundlegende Äußerungen des christlichen Glaubens sind Formen der Aufmerksamkeitsfokussierung und zugleich Tranceinduktionen. Das gilt für die Liturgie des Gottesdienstes, für Gebete und Predigten sowie für das Erzählen biblischer Geschichten. Viele Menschen begeben sich automatisch in eine leichte Trance, wenn sie ihren Platz in der Kirchenbank einnehmen. Dasselbe geschieht bei Gebeten. Gerade durch persönliche Gebete wird oft noch einmal ein neuer Wirklichkeitsraum geöffnet. Und Geschichten können Leben verändern, wenn man weiß, wie man sie einsetzt. Auch hier bieten hypnosystemische Konzepte Hilfen für ein reflektiertes Erzählen.

In meinem eigenen Denken haben sich Theologie und Humanwissenschaften immer ergänzt. Die Auseinandersetzung mit Systemtheorie und Konstruktivismus fiel bei mir insofern auf fruchtbaren Boden, als Theologie und Glaube für mich schon lange Weisen sind, die Welt zu deuten – und das heißt auch: zu konstruieren. Natürlich erwarte und erhoffe ich, dass hinter diesem Konstrukt eine Wahrheit steht, die größer ist als unser kleiner Blick auf die Welt, und dass unsere menschlichen Perspektiven in Gottes umfassender Perspektive aufgehoben sind.[1] Aber wir leben im Glauben und nicht im Schauen. Der christliche Glaube ist dabei nur eine mögliche Weise, die Welt zu deuten. Gleichzeitig macht es einen entscheidenden Unterschied, auf welche Weise wir die Welt sehen und deuten. Es gibt Weltdeutungen,

1 Vgl. Ritschl 1988.

die Menschen zum Spielball eines grausamen Gottes oder des blinden Zufalls erklären und sie klein halten. Und es gibt Deutungen, die Menschen als geliebte Kinder Gottes beschreiben und sie frei machen. Zu Letzterem möchte ich einladen und einen Beitrag leisten.

Wertschätzung, Liebe, Hoffnung, Lösungs- und Ressourcenorientierung, das Erzählen von heilsamen Geschichten, die Fokussierung auf die Wirklichkeit eines liebenden Gottes, die Arbeit mit Trancephänomenen und auch Heilungen sind dem christlichen Glauben nicht fremd. Sie machen einen wesentlichen Teil seiner Kraft aus. Zugleich könnten sie oft noch konsequenter umgesetzt werden. Nach meiner Erfahrung sind hypnosystemische Konzepte hervorragend geeignet, die christliche Praxis zu verstehen und sie reflektiert anzuwenden. Sie sind zugleich nahe an der Praxis Jesu, Hoffnung zu wecken, zu heilen und böse Geister auszutreiben. Sie befreien aus der Ohnmachtsfalle, schützen vor Burnout und sind sowohl hilfreich für andere, als auch für den Seelsorger oder die Seelsorgerin selbst. Das bedeutet nicht, dass hypnosystemische Konzepte oder ihre Anwendung in der Seelsorge ein Allheilmittel wären. Heil und Heilung bleiben immer auch Gnade und Geschenk. Dennoch lohnt es sich, hypnosystemische Seelsorge zu lernen. Nicht nur die Menschen, die auf der Suche nach Hilfe zu uns kommen, verdienen die besten und effektivsten Methoden, die wir anbieten können, sondern auch die gute Nachricht von der befreienden Liebe Gottes.

Zur Vertiefung

Ausbildungen zu den in diesem Buch beschriebenen Techniken findet man hier

- Berlin: Hypnosystemische Seelsorgeausbildung
  www.hypnosystemischeseelsorge.de

www.coaching-kirche.de
www.inkur-berlin.de

- Kaiserslautern: Hypnosystemische Grund- und Aufbauausbildung
  www.hsb-westpfalz.de
- Stefan Hammel, Hypnosystemische Therapie. Das Handbuch für die Praxis, Stuttgart (Ende Mai) 2022.

23. Und was wirkt wirklich? – Nachwort von Stefan Hammel

Das Buch »Worte, die wirken« erschließt hypnosystemische Konzepte für die seelsorgerliche Praxis. Ich selbst hatte bisher eine gewisse Scheu, diese Methoden in die Seelsorge zu integrieren. Zugleich sehe ich die Notwendigkeit, eben das zu tun – um der Menschen willen, die leiden, und weil ich seit vielen Jahren Tag für Tag erlebe, wie wirksam diese Methoden sind. Auch in der Seelsorge begegnen uns zunehmend Menschen mit schweren Traumatisierungen, psychischen Störungen oder chronischen Schmerzen. Deshalb freut es mich, dass es Jean-Otto Domanski auf so anschauliche Weise gelungen ist. Und es ehrt mich, dass er dabei auch auf meine Arbeiten zurückgegriffen hat.

Dennoch ist es für mich eine bleibende Frage: Woher kommt diese Wirksamkeit der Worte? Und wenn man das genau ergründen wollte, wo würde man am ehesten die Antwort finden: in der Theologie oder in den Naturwissenschaften? Eine junge Frau studierte zunächst einige Semester Physik und wechselte dann ins Fach Theologie. »Na, das ist aber ein großer Wechsel!«, haben viele Leute zu ihr gesagt. »Für mich ist es dasselbe«, antwortete sie.

Ist es dasselbe oder doch etwas Verschiedenes? Wenn ich als Klinikpfarrer an einem Sterbebett stehe, weiß ich, dass die Menschen ein Gebet und einen Segen erwarten. Ich weiß aber auch, welche Worte nach aller Wahrscheinlichkeit dazu beitragen, dass der Sterbende leichter atmen kann, weniger Schmerzen und Verspannungen verspürt, Ängste, Trauer, Groll loslassen und vermutlich auch eher in die andere Welt hinübergehen kann. Dieses Wissen folgt Regeln, die lehrbar und erlernbar sind. Auf der anderen Seite ist für mich dieser Segen ein heiliges Geschehen, in dem man den Heiligen

Geist wehen lassen soll, im Vertrauen auf eine spirituelle Welt, die höher ist als alle Vernunft. Die Frage, ob es nicht eine Missachtung des Heiligen sei, Sterbegebete nach hypnotherapeutischen Regeln zu formulieren, hat mich lange beschäftigt. Ich habe fromme und weniger fromme Christen dazu befragt und war überrascht, dass außer mir selbst keiner bei dem, was ich da tue, Bedenken trug. Etwas zögerlich habe ich entschieden, dass das, was den Menschen dient, Gott nicht zuwiderlaufen kann, auch wenn es irdischen Regeln folgt. Und, falls das nicht genügte, sagte ich mir, »dass, wenn uns unser Herz verdammt, Gott größer ist als unser Herz und erkennt alle Dinge«[1].

Die Frage aber bleibt für mich bestehen: Was wirkt, wenn in der Seelsorge etwas wirkt? Worte, Satzstrukturen, grammatikalische Regeln? Das Wort in den Worten? Was ist das für eine Kraft, die Leiden mindert und Menschen gesund werden lässt? Wenn ich andere danach befrage, höre ich überwiegend zwei Arten von Antworten: 1. Es ist ein Wunder aus einer Sphäre, die für den menschlichen Verstand unergründlich ist. 2. Dahinter stehen sprach- und naturwissenschaftlich zu beschreibende Mechanismen.

Zur ersten Sichtweise fällt mir ein, was Jesus im Dorf Bethsaida erlebt hat: »Sie brachten zu ihm einen Blinden und baten ihn, dass er ihn anrühre. Und er nahm den Blinden bei der Hand und führte ihn hinaus vor das Dorf, spuckte in seine Augen, legte ihm die Hände auf und fragte ihn: Siehst du etwas? Und er sah auf und sprach: Ich sehe die Menschen umhergehen, als sähe ich Bäume. Danach legte er abermals die Hände auf seine Augen. Da sah er deutlich und wurde wieder zurechtgebracht und konnte alles scharf sehen.«[2]

1 1. Johannes 3,20 (Lutherbibel 2017).
2 Markus 8,22b-25 (ebd.).

Das zeigt, dass auch bei Jesus »Wunder« zuweilen ein Prozess in Etappen waren. In einem anderen Fall wird berichtet, dass Jesus einen Brei aus Spucke und Staub auf die Augen eines Blinden gestrichen hat, der danach sehend wurde.[3] Manchmal hat er neben dem bloßen Wort Rituale verwendet, die es den hilfesuchenden Menschen leichter gemacht haben zu glauben, dass hier etwas geschieht, was einen Unterschied macht.

Erzählt wird auch, dass Jesus in seiner Heimatstadt Nazareth nur wenige oder gar keine Heilungen vollbringen konnte, wegen des »Unglaubens« der Leute dort[4] – anscheinend ist die Wirksamkeit der Worte nicht nur von Jesus oder der helfenden Person abhängig, sondern auch von der Haltung, die der hilfesuchende Mensch ihm – oder Gott oder dem Heilungsvorgang – entgegenbringt. Überliefert ist auf jeden Fall, dass Jesus überzeugt war, dass seine Nachfolger Wunder tun können und sollen. Er hat seine Jünger ausgesandt, in seinem Namen Wunder zu tun[5], und wird im Johannesevangelium mit den Worten zitiert: »Wer an mich glaubt, der wird die *Werke* auch tun, *die ich tue*, und wird größere als diese tun.«[6]

Zur zweiten Sichtweise fällt mir eine Anekdote ein, die einer der Begründer des »Neurolinguistischen Programmierens« (NLP) erzählt.[7] Er berichtet von einem Menschen mit einer Gehirnverletzung, der nicht mehr gehen konnte und durch eine Hypnosebehandlung spontan geheilt wurde, nachdem der Hypnotiseur ihn mit pseudowissenschaftlichen Argumenten überzeugt hatte, dass sein Gehirn sich jederzeit selbst reparieren könne. Auf die Frage: »Sind das

3 Johannes 9,6-7 (ebd.).
4 Markus 6,5-6; vgl. Matthäus. 13,58 (ebd.).
5 Markus 6,7-13 (ebd.).
6 Johannes 14,12 (ebd.).
7 Aus dem Kontext wird nicht deutlich, ob John Grinder oder Richard Bandler spricht.

die Vorgänge, die man als ›Wunderheilung‹ bezeichnet?« antwortet er:

» ... Vielleicht stimmt in Wirklichkeit *alles* nicht. Ich weiß es nicht. Die Wunderheiler stellen ebenfalls einen Kontext her, in dem die logische Reaktion ist, dass man sich ändert, und sie beherrschen ihre Arbeit viel besser als mancher Therapeut ... Ich habe einmal so eine ›Wunderheilung‹ selbst durchgeführt. Ich ging zu einem religiösen Treffen, sah einfach heilig aus und machte ein entsprechendes Gesicht. Alle Leute starrten mich an. Schließlich teilte ich ihnen mit, dass ich mit Gott in Verbindung stünde. Ich erzählte ihnen, ich hätte ein aufwühlendes Erlebnis gehabt, bei dem Gott mich zu einem Heiler gemacht habe, durch diese meine Hände. Ich überzeugte die Menschen, die da versammelt waren, und einige wurden von mir geheilt. Ich weiß nicht wie; in Wirklichkeit haben sie sich ja selbst geheilt. Ich hatte lediglich einen Kontext hergestellt, der ihnen eine entsprechende Reaktion ermöglichte, und weil ich hinterher nicht mit dem Finger auf sie gezeigt und sie lächerlich gemacht habe, blieben sie geheilt ...«[8]

Unabhängig davon, wie man das Verhalten dieses technisch denkenden Hypnotiseurs und die Form seines Berichts bewerten möchte – vermutlich irrt sich der Autor in der Meinung, dass die Geheilten in dieser Gemeinde wieder krank geworden wären, wenn er ihnen nachträglich erklärt hätte, es habe sich bei seiner Aktion nur um eine Art Experiment gehandelt. Nach allgemeinem kirchlichen Verständnis ist die Wirksamkeit eines Sakramentes nicht von der Würdigkeit des Spenders, sondern vom Glauben des Empfängers abhängig. Ähnliches kann man über die Wirksamkeit eines Wortes oder Rituals sagen, das ein solches Wunder hervorbringt.

8 Grinder/Bandler [15]2011, S. 234f.

Der Fall erinnert an ein Gespräch zwischen dem Jünger Johannes und Jesus: »Meister, wir sahen einen, der trieb Dämonen in deinem Namen aus, und wir verboten's ihm, weil er uns nicht nachfolgt. Jesus aber sprach: Ihr sollt's ihm nicht verbieten. Denn niemand, der ein Wunder tut in meinem Namen, kann so bald übel von mir reden. Denn wer nicht gegen uns ist, der ist für uns.«[9]

Belegen die geschilderten »Wunderheilungen« – wenn sie so geschehen sein sollten –, dass Glaubensheilung eine Art Hypnotherapie sind oder dass wirksame Hypnotherapie etwas mit Glauben zu tun hat und – christlich ausgedrückt – Gott auch außerhalb eines christlichen Kontexts wirkt? Jeder wird darauf seine Antwort haben und keiner wird's dem anderen beweisen können.

Jean-Otto Domanski erinnert daran, dass Licht einmal als Teilchen und einmal als Welle zu beschreiben ist, dass beide Sichtweisen unvereinbar sind und doch keine davon verzichtbar ist. Die Mehrzahl der Physiker ist überzeugt, dass dieser Widerspruch logisch nicht aufgelöst werden kann, sondern hingenommen werden muss. Diese Einheit des Unvereinbaren hat eine eigentümliche Ähnlichkeit zu dem Satz, dass in der Ankunft Jesu der Schöpfer zum Geschöpf wird.[10] Aus diesem Widerspruch entstand eine jahrhundertelange Diskussion. Im Jahre 451 schließlich wurde festgehalten, Jesus Christus sei »... wahrhaft Gott und wahrhaft Mensch, ... in zwei Naturen unvermischt, unverändert, ungeteilt und ungetrennt zu erkennen, in keiner Weise unter Aufhebung des Unterschieds der Naturen aufgrund der Einigung, sondern vielmehr unter Wahrung der Eigentümlichkeit jeder der beiden Naturen und im Zusammenkommen zu *einer* Person ... nicht durch Teilung oder Trennung in zwei Personen ...«[11]

9 Markus 9,38-41 (Lutherbibel 2017).

10 Johannes 1,1-14; vgl. Johannes 8,58.

11 Chalzedonensischen Glaubensbekenntnis aus dem Jahr 451.

Gott oder Mensch, was nun? Fragen wie diese sind keine spezifisch christliche Herausforderung, sie hallen in tausendfachen Variationen durch Theologie, Philosophie, Naturwissenschaft: Ist das Handeln eines Menschen frei oder durch die Umstände bedingt, auf die er reagiert? Wenn ein Mensch von einem herabfallenden Ziegelstein getötet wird: Steckt ein tieferer Sinn dahinter oder Statistik? Wenn die berechenbare Wahrscheinlichkeit, dass ich existiere, Null ist und ich dennoch da bin: Bin ich dann aus einer Sphäre jenseits des Universums entstanden oder das Produkt einer unendlich unwahrscheinlichen Ereigniskette? Was stimmt hier: das jeweils Erste, das Zweite, beides oder keines?

Wer sich der Antwort sicher ist, hat vielleicht die Hälfte, vielleicht auch gar nichts von der Frage verstanden. Mehr Weisheit scheint mir eine jüdische Anekdote zu offenbaren: Zwei Juden kamen zum Rabbi, damit er ihren Streit schlichte. Er saß an seinem Schreibtisch und seine Frau in einer Ecke desselben Zimmers. »Worum geht es denn?«, fragte der Rabbi. Der erste Kläger trug seinen Fall so überzeugend vor, dass der Rabbi umgehend befand: »Keine Frage, *du* bist im Recht.« Dann wandte er sich dem zweiten zu: »Und was hast du dazu zu sagen?« Dieser argumentierte ebenso überzeugend wie der erste. Darauf urteilte der Rabbi: »Ich muss sagen, *du* bist im Recht.« Jetzt mischte sich seine Frau ein: »Mein lieber Mann, mögest du hundertzwanzig Jahre alt werden, aber wie um alles in der Welt sollen beide recht haben können?« Der Rabbi strich sich durch den Bart, dann kam er zu dem Schluss: »*Du* hast natürlich auch recht!«[12]

Kaiserslautern, im Juli 2021
Stefan Hammel

12 Bonder, S. 108f.

V. ANHANG

Kleines Glossar hypnosystemischer Grundbegriffe

Aufmerksamkeitsfokussierung

Eine Grundannahme ···➔ *hypnosystemischen* Arbeitens ist, dass alles Erleben das Ergebnis von Aufmerksamkeitsfokussierung ist. Die Energie fließt dahin, wohin die Aufmerksamkeit geht. Deshalb geht es im ···➔ *hypnosystemischen* Arbeiten im Wesentlichen darum, die Aufmerksamkeit in die gewünschte Richtung zu lenken, um so ein Lösungserleben zu ermöglichen.

Assoziieren

Das Verknüpfen von Gedanken, Gefühlen, Körperreaktionen mit anderen Gedanken, Gefühlen und Körperreaktionen. Häufig sind Probleme – wie auch Lösungen – mit einer Fülle von Gedanken, Gefühlen und Körperreaktionen verknüpft und ergeben so ein ···➔ *Problemmuster* oder ···➔ *Lösungsmuster*. Herrschen bei diesen ···➔ *Mustern* ···➔ *unbewusste* Prozesse vor, so spricht man von ···➔ *Problemtrance* oder ···➔ *Lösungstrance*. In der ···➔ *hypnosystemischen* Arbeit besteht ein wesentlicher Therapieansatz darin, Probleme und ···➔ *Problemmuster* zu ···➔ *dissoziieren*, also voneinander und vom Ich-Erleben zu trennen, und Lösungen zu assoziieren, also zu verknüpfen. Siehe auch ···➔ *Dissoziieren*.

Bewusst-Unbewusst

Die Unterscheidung von bewussten und unbewussten Prozessen oder Bewusstsein und Unbewusstem wird in der ···➔ *Hypnotherapie* und in der ···➔ *hypnosystemischen* Arbeit nur unscharf und eher strategisch als ···➔ *Dissoziationsmöglichkeit* und für ···➔ *Mehrebenenkommunikation* verwendet. Für Erickson selbst war das Unbewusste der Hort aller Ressourcen und ungeahnten Fähigkeiten, weshalb viele seiner Strategien darin bestanden, das bewusste Denken umzugestalten, um unbewusste Ressourcen zu aktivieren. Allerdings hat er die Begriffe je nach Situation und Kontext unterschiedlich und strategisch verwendet.

Dissoziieren

Das ⇢ *bewusste und unbewusste* Trennen von Gedanken, Gefühlen und Körperreaktionen und ⇢ *Problemmustern*. Probleme oder Problemanteile lassen sich dissoziieren, z.B. durch ⇢ *Fragmentierung*, indirekte ⇢ *Suggestionen*, ⇢ *Implikationen*, ⇢ *Metaphern* sowie zeitlich, räumlich oder in die Irrealität von Ich-Erleben. So lassen sich Belastungen reduzieren oder auflösen. Siehe auch ⇢ *Assoziieren*.

Einstreutechnik

Eine ⇢ *hypnosystemische* Technik der ⇢ *Mehrebenenkommunikation*, mit deren Hilfe unterschwellig neue Informationen oder auch Anweisungen in ein Gespräch oder einen Text eingestreut werden, die sich um ein völlig anderes Thema drehen können. Diese werden teilweise unter Umgehung des ⇢ *Bewusstseins* vom Unbewussten direkt umgesetzt. Oder das unterschwellige Einstreuen neuer Ideen bewirkt, dass sie, wenn sie später direkt angesprochen werden, nicht mehr als fremd wahrgenommen werden (⇢ *Seeding*).

Fragmentierung ⇢ s. Kapitel 5

Fragmentierung ist eine der Grundstrategien Ericksons und des menschlichen Problemlösens überhaupt. Sie bezeichnet das Trennen von einzelnen Problemen und Problemaspekten mit dem Ziel, sie als weniger überwältigend zu erleben und nach und nach lösen zu können.

Hypnose ⇢ s. Kapitel 3
Die Begriffe ⇢ *Trance* und Hypnose werden häufig synonym gebraucht. So wird z.B. oft gesagt, jemand sei in Hypnose. Sinnvoll ist eine Unterscheidung von Hypnose als der Technik, mit deren Hilfe eine ⇢ *Trance* hervorgerufen wird, und ⇢ *Trance* als dem Zustand, der sich unter Hypnose einstellt. Von Hypnose spricht man, wenn in einem bewussten Kontext ein Hypnotiseur mit Hilfe von ⇢ *Rapport*, ⇢ *Pacing und Leading*, ⇢ *suggestiver Kommunikation*, ⇢ *Utilisation* und anderen Techniken eine andere Person oder sich selbst in ⇢ *Trance* führt, um bestimmte Ziele zu erreichen.

Hypnotherapie
Hypnotherapie bezeichnet – oft im Unterschied zu Hypnosetherapie – einen stark von Erickson beeinflussten, strategischen und lösungsorientieren Ansatz in der Therapie, der nicht zwangsläufig mit formaler ⇢ *Hypnose* arbeiten muss.

Hypnosystemisch
Ein von Gunther Schmidt geprägter Begriff, der die Verbindung von Ericksonschen ⇢ *hypnotherapeutischen* und systemischen Ansätzen in der Therapie bezeichnet.

Implikation
Der Begriff Implikation wird in der hypnosystemischen Arbeit für Aussagen oder Inhalte verwendet, die in anderen Aussagen versteckt enthalten oder logisch intendiert sind, ohne dass sie explizit benannt werden. ⇢ *Mehrebenenkommunikation.*

Lösungsmuster, Lösungstrance
Ein Muster aus Körperkoordination, inneren Dialogen und Bildern, Gefühlen und sozialen Interaktionen, das mit dem Erleben eines Lösungszustands verknüpft ist. Herrscht

dieses Muster auf einer unwillkürlichen Ebene vor, spricht man von einer Lösungstrance. Siehe auch ⇢ *Problemmuster, Problemtrance.*

Mehrebenenkommunikation ⇢ s. Kapitel 12
Mehrebenenkommunikation bezeichnet einerseits Kommunikation auf mehreren Ebenen, z.B. verbal und nonverbal. Andererseits bezeichnet sie mehrdeutige und damit ⇢ *suggestive* Kommunikationsformen. Mehrere Ebenen der Kommunikation gibt es beim Gebrauch von Symbolen, Metaphern, Geschichten sowie bei kontextabhängigen Sätzen.

Metapher
Als Metaphern werden in der ⇢ *hypnosystemischen* Arbeit zusammenfassend Sprachbilder, metaphorische Redewendungen und Geschichten bezeichnet.

Musterunterbrechung
Eine wesentliche Technik der Hypnotherapie Ericksons: Da Probleme mit Verhaltensmustern, sozialen Interaktionen, inneren Stimmen und Bildern und einer bestimmten Körperkoordination verknüpft sind und so ein ⇢ *Problemmuster* bilden, besteht eine wesentliche Aufgabe darin, dieses Muster zu unterbrechen. Das geschieht durch neue Informationen, aber auch durch das Provozieren, Verstärken oder Garnieren des Musters. Meist reicht es, das Muster an einer Stelle zu unterbrechen, um eine Neuorganisation des Verhaltens zu ermöglichen. Anders als die meisten Therapeuten seiner Zeit war Erickson nicht der Ansicht, dass man zwingend den Grund eines Problems kennen müsse, um es zu lösen. Häufig reicht es, es als ein interessantes Verhaltens-Muster zu betrachten und in dieses Muster eine kleine Veränderung einzuführen. Da viele dieser ⇢ *Problemmuster* unbewusst ablaufen, führt eine Änderung des Musters zu

einem mentalen Stolpern. Unbewusste Abläufe treten ins Bewusstsein und werden damit veränderbar.

NLP – Neuro-linguistisches Programmieren
Ein in seinen Anfängen von Richard Bandler und John Grinder entwickeltes Kurzzeit-Therapieverfahren und Kommunikationsmodell, das auf der Auswertung der therapeutischen Strategien von Virginia Satir, Fritz Perls und Milton Erickson beruht. Als Tool zu Veränderung menschlichen Verhaltens findet es sowohl im therapeutischen Kontext und Coaching, als auch in Kommunikations- und Verkaufsschulungen Anwendung.

Nocebo-Effekt ···› s. Placebo-Effekt

Pacing und Leading
Von Pacing und Leading spricht man in der Hypnotherapie, um ein Vorgehen zu beschreiben, bei dem auf verbaler und nonverbaler Ebene an das Erleben eines Klienten angeknüpft und ···› *Rapport* hergestellt wird, so dass der Klient sich vorbehaltlos verstanden fühlt (Pacing), um von dort aus den Klienten behutsam in eine neue Richtung zu führen (Leading). Wird der Aspekt des Pacings zu stark betont, fühlt sich der Klient zwar verstanden, bewegt sich aber nicht. Wird der Aspekt des Leadings überbetont, fühlt sich der Klient nicht mehr verstanden und nimmt die Einladungen zu einem anderen Denken oder Verhalten nicht mehr an.

Placebo-Effekt
Placebo-Effekt (von placare [lat.], hier futurisch: es wird Gefallen finden, wirken, helfen) bezeichnet den Heilungseffekt, der durch die Verabreichung von medizinisch unwirksamen Substanzen oder Handlungen eintritt. Allein die Erwartung, ein hilfreiches Medikament zu bekommen, setzt Selbsthei-

lungskräfte frei. Der Placebo-Effekt ist ein wesentlicher Faktor in jeder Therapie. Als Nocebo-Effekt wird das Gegenteil bezeichnet: wenn ein Behandler sich kritisch zu den Heilungschancen äußert und so die Wahrscheinlichkeit für einen schlechten Verlauf erhöht.

Priming
Das unterschwellige Bahnen von Aufmerksamkeit, um ein bestimmtes Erleben anzuregen. Siehe auch ···› *Seeding.*

Problemmuster, Problemtrance
Ein Muster aus Körperkoordination, inneren Dialogen, Gefühlen und sozialen Interaktionen, das mit dem Erleben eines Problemzustands verknüpft ist. Herrscht dieses Muster auf einer unwillkürlichen Ebene vor, lässt sich von einer Problemtrance sprechen. Hinter dieser Terminologie steht die Beobachtung, dass Klienten Probleme oft wie Tranceinduktionen beschreiben. Sie wollen »es« nicht, aber »es« geschieht ganz unwillkürlich. Siehe auch ···› *Lösungsmuster, Lösungstrance.*

Progression
Eine Strategie, mit Hilfe von kleinen und kleinsten Veränderungs-Schritten die Hoffnung auf weitreichende Veränderungen zu wecken.

Rapport
Ein Verhalten, dass sich verbal und nonverbal auf einen anderen Menschen einstellt und mit ihm mitschwingt. Rapport stellt sich zwischen Menschen oft unwillkürlich ein, wenn einer das Verhalten oder die Körperhaltung eines anderen spiegelt. In therapeutischen Kontexten wird Rapport oft bewusst hergestellt, damit ein Klient sich verstanden fühlt. Siehe auch ···› *Pacing und Leading.*

Reframing ⇢ s. Kapitel 6
Eine Sache oder ein Erleben in einen neuen Bedeutungsrahmen setzen und so zu einer anderen Bewertung kommen.

Resilienz
Resilienz (von resilire [lat.]: zurückspringen, abprallen) beschreibt die Toleranz eines Systems gegenüber Störungen. Im therapeutischen Kontext bezeichnet Resilienz die Widerstandsfähigkeit von Menschen gegenüber belastenden Umständen. Die Resilienz-Forschung untersucht z.B., was Kinder auszeichnet, die trotz widriger Umstände gedeihen und zu seelisch stabilen Menschen heranreifen.

Seeding
Ein von Erickson geprägter Begriff, der das Säen von Ideen bezeichnet. Neue Sichtweisen, Ideen oder Vorschläge werden mehrfach nebenbei im Gespräch erwähnt, ohne sie explizit zu diskutieren. Dadurch steigt die Wahrscheinlichkeit, dass sie am Ende positiv aufgenommen werden, da sie bereits bekannt sind. Siehe auch ⇢ *Priming*.

Suggestion
Suggestion (von to suggest [engl.]: vorschlagen, anbieten) bezeichnet eine Form der Kommunikation mit dem Ziel, andere Menschen zu einem bestimmten Denken oder Verhalten zu bewegen. Bleibt diese Absicht unterhalb der bewussten Wahrnehmungsschwelle der Angesprochenen, spricht man von indirekten Suggestionen. Menschen, die sich leicht auf diese Weise beeinflussen lassen, werden als suggestibel bezeichnet. ⇢ *Trancezustände* erhöhen die Wirksamkeit von Suggestionen. Indirekte Suggestionen stehen oft unter einem generellen Manipulationsverdacht.

Symptomverschreibung
Ein auch aus anderen Therapieformen bekanntes Vorgehen, in dem ein Klient aufgefordert wird, ein Symptom gezielt hervorzubringen. Die ··→ *Implikation* dieses Vorgehens liegt darin, dass ein Klient, wenn er sein Symptom gezielt hervorrufen kann, Kontrolle über einen Prozess erlebt, dem er sich ohnmächtig ausgeliefert fühlte, solange er unwillkürlich ablief.

Trance
Als Trance werden natürliche und alltägliche Bewusstseinszustände bezeichnet, die bei vielen verschiedenen Tätigkeiten auftreten können: beim Lesen, beim Sehen eines Films, beim Spielen, Arbeiten, Autofahren, Sport (z.B. Joggen), beim konzentrierten Zuhören oder Schauen in ein offenes Feuer. Der Begriff dient zur Bezeichnung von Bewusstseinszuständen, die vom wachen Normalbewusstsein abweichen und sich durch eine erhöhte Konzentration auf einzelne Reize bei gleichzeitigem Ausblenden anderer körperlicher und seelischer Funktionen auszeichnen. In der ··→ *Hypnotherapie* werden zumeist Entspannungstrancen verwendet. Während dieser Trancen erleben Menschen ein verändertes Zeitgefühl, die Aufhebung von gedanklichen Beschränkungen und befinden sich in einem Zustand erhöhter ··→ *Suggestibilität* und Lernfähigkeit. In Beratungs- und Therapiesituationen treten Trancen oft spontan auf, wenn sich die Aufmerksamkeit in intensiven Suchprozessen – z.B. auf Fragen des Therapeuten – nach innen richtet. Durch ··→ *Hypnose* und ··→ *Hypnotherapie* wird dieser Zustand erhöhter ··→ *Suggestibilität* und Lernfähigkeit gezielt herbeigeführt. Bei Naturvölkern werden Trancephänomene oft mit Tanz, Musik und Aktivität gebahnt.

Tranceinduktion
Das gezielte Herbeiführen von Trancezuständen mittels trancefördernder Bilder, Sprache und Sprechweise oder durch Überraschungseffekte und kognitive Überlastung. Tranceinduktionen werden in der ···› *Hypnotherapie* ebenso genutzt wie in der Showhypnose. ···› *Hypnosystemisches Arbeiten* kommt in der Regel ohne formale Tranceinduktionen aus.

Utilisation ···› s. Kapitel 6
Utilisation (von to utilize [engl.]: nutzbar machen) bedeutet, alles, was ein Klient mitbringt, wertzuschätzen und zu nutzen, auch die problembehafteten Seiten seines Verhaltens. Utilisation ist nicht nur eine unverwechselbare Strategie Ericksons, sondern eine Haltung, die ihn auszeichnete und alle seine Interventionen durchzog. Das von Erickson begründete Utilisations-Prinzip wurde die Grundlage der meisten lösungs- und ressourcenorientierten Verfahren in der Psychotherapie.

Yes-Set
Ein von Erickson geprägter Begriff für eine Folge von Aussagen, denen ein Klient aus vollem Herzen zustimmen kann. Das Yes-Set ist eine Form des ···› *Pacings*, mit der erreicht wird, dass sich im Folgenden die Wahrscheinlichkeit erhöht, dass ein Klient auch Aussagen zustimmt, die in den Bereich des ···› *Leadings* führen.

Danksagung

Ein solches Buch schreibt sich nicht allein. Viele Menschen haben das Manuskript durchgesehen und bereichert. Besonders danke ich meinem Freund Stefan Hammel. Er hat mir nicht nur wesentliche Einsichten und Techniken vermittelt, sondern mich auch so hypnotisiert, dass das Schreiben dieses Buches ganz leicht wurde. Ich danke meiner Familie, die meine Begeisterung für hypnosystemische Techniken mit Geduld und Humor ertragen hat. Ich danke meiner Gemeinde und Kirche, die es mir nicht nur ermöglicht haben, meiner Passion nachzugehen, sondern auch daraus ein Buch und eine Seelsorgeausbildung zu entwickeln. Und ich danke dem Gütersloher Verlagshaus für die gute Zusammenarbeit und das entgegengebrachte Vertrauen.

Berlin, im Oktober 2021
Jean-Otto Domanski

Literatur- und Medienverzeichnis

Ingo *Baldermann*, Gottes Reich – Hoffnung für Kinder. Entdeckungen mit Kindern in den Evangelien (Wege des Lernens/WdL 8), Neukirchen-Vlyn [3]1996.

Ingo *Baldermann*, Wer hört mein Weinen? Kinder entdecken sich selbst in den Psalmen (WdL 4), Neukirchen-Vlyn [2]1989.

Danie *Beaulieu*, Impact-Techniken für die Psychotherapie, Heidelberg [4]2010.

Insoo Kim *Berg* / Steve *de Shazer*, Kurzzeittherapie – Von Problemen zu Lösungen, Originalvorträge auf DVD, Müllheim/Baden 2008.

Steve *Biddulph*, Das Geheimnis glücklicher Kinder, München [2]1998.

Rabbi Nilton *Bonder*, Der Rabbi hat immer recht. Die Kunst, Probleme zu lösen, Zürich 2001.

Robert B. *Dilts* / Robert *McDonald*, Und dann geschieht ein Wunder. Tools oft the Spirit. Angewandtes NLP, Paderborn [2]2004.

Milton H. *Erickson* / Ernest L. *Rossi*, Hypnotherapie. Aufbau – Beispiele – Forschungen, Stuttgart [11]2013.

Milton H. *Erickson*, The Interspersal Hypnotic Technique for Symptom Correction and Pain Control. American Journal for Clinical Hypnosis, Vol. 8, No. 3, pp. 198-209, 1966.

Tom *Faith*, Handbuch der Blitzhypnose. In 7 Tagen zum Realitätsverbieger, Berlin [2]2015.

Chris *Firth*, Wie unser Gehirn die Welt erschafft, Berlin/Heidelberg 2014.

Ben *Furman*, Es ist nie zu spät, eine glückliche Kindheit zu haben, Basel [6]2008.

Ben *Furman*, Ich schaffs! Spielerisch und praktisch Lösungen mit Kindern finden – Das 15-Schritte-Programm für Eltern, Erzieher und Therapeuten, Heidelberg [3]2008.

Ben *Furman*, Wenn die Handlung eine überraschende Wendung nimmt, Originalvorträge auf DVD, Müllheim/Baden 2018.

Johann B. *Garnitsching* / Maximilian *Ganster*, Hypno-Card, Paderborn [6]1996.

Heinz-Wilhelm *Gößling*, Hypnose für Aufgeweckte. Hypnotherapie bei Schlafstörungen, Heidelberg 2013.

Sabine *Goette* (Redaktion), Die Heilkraft des inneren Arztes. Dokumentarfilm mit Beiträgen von G. Hüther, S. Lazar, B. Hölzel, C. Diegelmann, G. Nagel u.a. DVD, Müllheim/Baden 2014.

John *Grinder* / Richard *Bandler*, Therapie in Trance. Neurolinguistisches Programmieren (NLP) und die Struktur hypnotischer Kommunikation, Stuttgart [15]2011.

Albrecht *Grözinger*, Die Sprache des Menschen. Ein Handbuch. Grundwissen für Theologinnen und Theologen, München 1991.

Ernil *Hansen* / Markus *Zimmermann* / Georg *Dünzl*, Hypnotische Kommunikation mit Notfallpatienten, in: Notfall + Rettungsmedizin 13, Juni 2010, 314-321.

Stefan *Hammel* / Astrid *Vlamynck* / Claudia *Weinspach*, Ängste entzaubern – Lebensfreude finden. Die besten Interventionen aus 9 Therapierichtungen, Stuttgart 2020.

Stefan *Hammel*, Alles neu gerahmt! Psychische Symptome in ungewöhnlicher Perspektive, München 2016.

Stefan *Hammel*, Das Sofa des Glücks. Therapeutisches Modellieren mit Paaren, Originalvorträge auf DVD, Müllheim/Baden 2014.

Stefan *Hammel*, Der Grashalm in der Wüste. 100 Geschichten aus Beratung, Therapie und Seelsorge, Nierstein [3]2011.

Stefan *Hammel*, Grüßen Sie Ihre Seele! Therapeutische Interventionen in drei Sätzen, Stuttgart 2017.

Stefan *Hammel*, Handbuch der therapeutischen Utilisation. Vom Nutzen des Unnützen in Psychotherapie, Kinder- und Familientherapie, Heilkunde und Beratung, Stuttgart 2011.

Stefan *Hammel*, Handbuch des therapeutischen Erzählens. Geschichten und Metaphern in Psychotherapie, Kinder- und Familientherapie, Heilkunde, Coaching und Supervision, Stuttgart 2009.

Stefan *Hammel*, Hypnosystemische Therapie. Das Handbuch für die Praxis, Stuttgart (Ende Mai) 2022.

Stefan *Hammel*, Lebensmöglichkeiten entdecken. Veränderung durch Therapeutisches Modellieren, Stuttgart 2019.

Stefan *Hammel*, Therapeutisches Erzählen. Die komplette Ausbildung, Originalvorträge auf 8 DVDs, Mühlheim/Baden 2016.

Stefan *Hammel*, Therapie zwischen den Zeilen. Vom ungesagt Gesagten in Psychotherapie, Beratung und Heilkunde, Stuttgart 2014.

Alexander *Hartmann*, Die Hypnose-Revolution, www.alexander-hartmann.de/kostenlos

Eckhard von *Hirschhausen*, Wunderheiler. Wie sich das Unerklärliche erklärt. Liveaufnahme aus dem Circus Krone in München, Frankfurt/Main 2014.

Gerald *Hüther*, Bedienungsanleitung für ein menschliches Gehirn, Göttingen ^{6}2006.

Gerald *Hüther*, Die Macht der inneren Bilder. Wie Visionen das Gehirn, den Menschen und die Welt verändern, Göttingen ^{3}2006.

Mark P. *Jensen*, Hypnose bei chronischen Schmerzen. Ein Behandlungsmanual, Heidelberg 2012.

Roland *Kachler*, Hypnosystemische Trauerbegleitung. Ein Leitfaden für die Praxis, Heidelberg ^{3}2014.

Roland *Kachler*, Meine Trauer wird dich finden. Ein neuer Ansatz in der Trauerarbeit, Freiburg i. Br. ^{13}2014.

Katharina *Lamprecht* / Stefan *Hammel* / Adrian *Hürzeler* / Martin *Niedermann*, Wie der Bär zum Tanzen kam. 120 Geschichten für einen gesunden Körper, München 2018.

Timm H. *Lohse*, Das Kurzgespräch in Seelsorge und Beratung. Eine methodische Anleitung, Göttingen ^{4}2013.

Timm H. *Lohse*, Das Trainingsbuch zum Kurzgespräch. Ein Werkbuch für die seelsorgerliche Praxis, Göttingen 2006.

Ortwin *Meiss*, Hypnotherapeutische Methoden zur Aktivierung des unbewussten Körperwissens, Originalvorträge auf 2 CDs, Müllheim/Baden 2004.

Ortwin *Meiss*, Hypnosystemische Therapie bei Depression und Burnout, Heidelberg, [3]2018.

Klaus *Mücke*, Hilf Dir selbst und werde, was Du bist. Anregungen und spielerische Übungen zur Problemlösung und Potentialentfaltung. Lehr- und Lernbuch: Systemisches Selbstmanagement, Berlin [3]2019.

Klaus *Mücke*, Probleme sind Lösungen. Systemische Beratung und Psychotherapie – ein pragmatischer Ansatz. Lehr- und Lernbuch, Berlin [5]2019.

Christoph *Morgenthaler*, Systemische Seelsorge. Impulse der Familien- und Systemtherapie für die kirchliche Praxis, Stuttgart [4]2005.

Burghard *Peter*, Einführung in die Hypnotherapie, Heidelberg [2]2009.

Uta *Poplutz*, Dämonen – Besessenheit – Austreibungsrituale. In: Ruben *Zimmermann* (Hg.), Kompendium der frühchristlichen Wundererzählungen. Band 1: Die Wunder Jesu, Gütersloh 2013, 94-107.

Richard David *Precht*, Wer bin ich und wenn ja, wie viele? Eine philosophische Reise, München 2007.

Manfred *Prior*, Beratung und Therapie optimal vorbereiten. Informationen und Interventionen vor dem ersten Gespräch, Heidelberg [2]2007.

Manfred *Prior*, MiniMax-Interventionen. 15 minimale Interventionen mit maximaler Wirkung, Heidelberg [7]2007.

Dirk *Revenstorf*/ Burkhard *Peter* (Hg.), Hypnose in Psychotherapie, Psychosomatik und Medizin. Manual für die Praxis, Heidelberg [2]2009.

Sidney *Rosen*, Die Lehrgeschichten von Milton H. Erickson. Herausgegeben und kommentiert von Sidney Rosen, Salzhausen [9]2011.

Emanuel *Sapin* / Pascal *Goblot* (Regie), L'Effet Placebo – Der Placebo-Effekt. Dokumentarfilm, Arte 2014.

Arist *von Schlippe* / Jochen *Schweitzer*, Lehrbuch der systemischen Therapie und Beratung, Göttingen [10]2007.

Gunther *Schmidt*, Ängste, Zwänge und Phobien – erkennen, verstehen und auflösen, Originalvorträge Müllheim/Baden 2008.

Gunther *Schmidt*, Aufbaukurs Hypnosystemische Konzepte. Originalvorträge Müllheim/Baden 2019.

Gunther *Schmidt* / Anna *Dollinger* / Björn *Müller-Kalthoff* (Hg.), Gut beraten in der Krise. Konzepte und Werkzeuge für ganz alltägliche Ausnahmesituationen, Bonn [2]2011.

Gunther *Schmidt* / Bernhard *Trenkle*, Hypnotherapie und Psychosomatik, Originalvorträge auf 3 MP3-CDs, Müllheim/Baden 2010.

Gunther *Schmidt*, Die Integration von hypnotherapeutischen Ansätzen in systemische Konzepte, 48 Stunden Originalvorträge auf 8 DVDs, Müllheim/Baden 2003.

Gunther *Schmidt*, Einführung in die Erickson'sche Hypnotherapie. 45 Stunden Originalvorträge auf 5 MP3-CDs, Müllheim/Baden 2009.

Gunther *Schmidt*, Einführung in die hypnosystemische Therapie und Beratung, Heidelberg [2]2008.

Gunther *Schmidt*, Einstreutechniken. In: Wunderantwort. DIE Fachzeitschrift für Systemisch-Lösungsorientierte, Nr. 20, 2011.

Gunther *Schmidt*, Liebesaffären zwischen Problem und Lösung. Hypnosystemisches Arbeiten in schwierigen Kontexten, Heidelberg [2]2007.

Gunther *Schmidt*, Grundkurs Hypnosystemische Konzepte. Originalvorträge Müllheim/Baden 2019.

Gunther *Schmidt*, Systemische und hypnotherapeutische Konzepte für Organisationsberatung, Coaching und Persönlichkeitsentwicklung. 95 Stunden Originalvorträge auf 8 MP3-CDs, Müllheim/Baden 2006.

Friedemann *Schulz von Thun*, Miteinander reden, Bd. 1 Störungen und Klärungen. Allgemeine Psychologie der Kommunikation, Sonderausgabe Hamburg 2006.

Friedemann *Schulz von Thun*, Miteinander reden, Bd. 2 Stile, Werte und Persönlichkeitsentwicklung. Differentielle Psychologie der Kommunikation, Sonderausgabe Hamburg 2006.

Friedemann *Schulz von Thun*, Miteinander reden, Bd. 3 Das »Innere Team« und situationsgerechte Kommunikation, Sonderausgabe Hamburg 2006.

Steve de *Shazer* / Yvonne *Dolan*, Mehr als ein Wunder. Lösungsorientierte Kurztherapie heute, Heidelberg [3]2013.

Dan *Short* / Claudia *Weinspach*, Hoffnung und Resilienz. Therapeutische Strategien von Milton H. Erickson, Heidelberg [2]2010.

Fritz B. *Simon*, Einführung in Systemtheorie und Konstruktivismus, Heidelberg [2]2008.

Rolf *Theobold*, Zwischen Smaltalk und Therapie. Kurzzeitseelsorge in der Gemeinde, Neukirchen-Vlyn 2013.

Rolf *Theobold*, Kurzzeitseelsorge. Ein Praxisbuch, Neukirchen-Vlyn 2015.

Jens *Thomas* / Martina *Schmidt-Tanger* / Christian *Tschepp*, Milton! Praxistraining Hypnotische Sprachmuster, Paderborn 2004.

Bernhard *Trenkle*, Hypnose und Selbsthypnose bei Ängsten und Phobien, Originalvorträge auf MP3-CD, Müllheim/Baden 2009.

Bernhard *Trenkle*, Utilisation. In: Dirk *Revenstorf* / Burkhard *Peter* (Hg.), Hypnose in Psychotherapie, Psychosomatik und Medizin. Manual für die Praxis, Heidelberg [2]2009, 86-91.

Bernhard *Trenkle* / Ben *Furman*, Die magische Kunst, sinnvolle Fragen zu stellen. Lösungsorientiertes Coaching, Originalvorträge auf MP3-CD, Müllheim/Baden 2017.

Matthias *Varga von Kibéd* / Insa *Sparrer*, Ganz in Gegenteil. Tetralemmaarbeit und andere Grundformen Systemischer Strukturaufstellungen – für Querdenker und solche, die es werden wollen, Heidelberg [6]2009.

Paul *Watzlawick*, Die Möglichkeit des Andersseins. Zur Technik der therapeutischen Kommunikation, Bern/Stuttgart/Toronto [4]1991.

Paul *Watzlawick* / Janet H. *Beavin* / Don D. *Jackson*, Menschliche Kommunikation. Formen, Störungen, Paradoxien, Bern/Stuttgart/Wien (1969) [7]1985.

Paul *Watzlawick* / John H. *Weakland* / Richard *Fisch*, Lösungen. Zur Theorie und Praxis menschlichen Wandels, Bern/Göttingen/Toronto [5]1992.

Jeffrey K. *Zeig*, Einzelunterricht bei Erickson. Hypnotherapeutische Lektionen bei Milton H. Erickson, Heidelberg [4]2013.

Jeffrey K. *Zeig*, Ericksonian Methods Demystified. Die Entmystifizierung der Methoden Milton Ericksons: Wie Sie das Beste in Ihren Klienten aktivieren können, 19 Stunden Originalvorträge auf 7 DVDs, Müllheim/Baden 2013.

MIX
Papier aus verantwortungsvollen Quellen
FSC® C083411

Klimaneutral* Druckprodukt
ClimatePartner.com/14044-1912-1001

Penguin Random House Verlagsgruppe FSC® N001967

1. Auflage

Umschlagmotiv: © tomozina – iStockphoto.com
Druck und Bindung: CPI books GmbH, Leck
Printed in Germany
ISBN 978-3-579-07470-2
www.gtvh.de